Cuentos de la era vikinga

Fascinantes sagas legendarias e históricas

© Copyright 2020

Todos los derechos reservados. Ninguna parte de este libro puede ser reproducida de ninguna forma sin el permiso escrito del autor. Los revisores pueden citar breves pasajes en las reseñas.

Descargo de responsabilidad: Ninguna parte de esta publicación puede ser reproducida o transmitida de ninguna forma o por ningún medio, mecánico o electrónico, incluyendo fotocopias o grabaciones, o por ningún sistema de almacenamiento y recuperación de información, o transmitida por correo electrónico sin permiso escrito del editor.

Si bien se ha hecho todo lo posible por verificar la información proporcionada en esta publicación, ni el autor ni el editor asumen responsabilidad alguna por los errores, omisiones o interpretaciones contrarias al tema aquí tratado.

Este libro es solo para fines de entretenimiento. Las opiniones expresadas son únicamente las del autor y no deben tomarse como instrucciones u órdenes de expertos. El lector es responsable de sus propias acciones.

La adhesión a todas las leyes y regulaciones aplicables, incluyendo las leyes internacionales, federales, estatales y locales que rigen la concesión de licencias profesionales, las prácticas comerciales, la publicidad y todos los demás aspectos de la realización de negocios en los EE. UU., Canadá, Reino Unido o cualquier otra jurisdicción es responsabilidad exclusiva del comprador o del lector.

Ni el autor ni el editor asumen responsabilidad alguna en nombre del comprador o lector de estos materiales. Cualquier desaire percibido de cualquier individuo u organización es puramente involuntario.

Índice

INTRODUCCIÓN 1
LA SAGA DEL REY HEIDREK EL SABIO 4
SELECCIONES DE LA SAGA DE ÖRVAR-ODDR 42
LOS VIAJES A VINLANDIA...61
REFERENCIAS 93

Introducción

Entre los siglos XII y XV, los escribas islandeses trabajaron intensamente en la redacción de lo que antes se transmitía oralmente y que contenía tanto prosa como fragmentos de poesía. Apodadas "sagas" -del *sögur* islandés, que significa "cuento", "mito" o "historia" - los manuscritos copiados diligentemente por los escribas medievales conservan historias y pseudohistorias junto con obras imaginativas sobre dragones, gigantes y héroes más grandes que la vida. Dentro del corpus total de las sagas islandesas se encuentran las *Fornaldursögur*, o "sagas legendarias", y las *Íslendingasögur*, o "sagas de los islandeses", que a veces también se conocen como "sagas familiares". Estos son dos de los principales subgéneros de las sagas.

Como su nombre lo indica, las sagas legendarias son obras de ficción. Es en estas sagas que nos encontramos con todo tipo de criaturas fantásticas, leemos sobre las hazañas de los héroes y villanos, y ocasionalmente vemos a los dioses asomarse para dirigir los acontecimientos o castigar a los malhechores. Las sagas de los islandeses, por el contrario, son en gran parte obras históricas que cuentan las historias de las familias que dejaron las tierras continentales escandinavas para asentarse en Islandia a partir de finales del siglo IX. Sin embargo, estas sagas históricas no están totalmente exentas de lo fantástico, ya que también contienen ocasionalmente episodios que implican la magia o lo sobrenatural.

Antes del advenimiento del cristianismo, la escritura distinta de las runas utilizadas para las inscripciones o encantamientos era desconocida en las tierras vikingas. Islandia se convirtió oficialmente al cristianismo a finales del siglo XI, por lo que las historias que comenzaron a escribirse en los siglos siguientes se presentan ocasionalmente a través de un filtro cristiano, o han hecho que se alteren ciertos aspectos para ajustarse a la doctrina y la creencia cristianas.

El presente volumen presenta tres sagas vikingas. Dos son sagas legendarias, mientras que la tercera es histórica. *La saga del Rey Heidrek el Sabio* se centra en parte de la espada mágica hecha por los enanos, Tyrfing. Tyrfing fue originalmente hecha para el Rey Svafrlami, pero cuando la pierde en la batalla contra Arngrim el Berserker, se convierte en una reliquia de la casa de Arngrim, transmitida de generación en generación. Por lo tanto, podemos ver que incluso las sagas legendarias pueden ajustarse a ciertos rasgos de las sagas de los islandeses mediante un enfoque en la historia de una familia particular, siguiendo las acciones de cada descendiente sucesivo, que actúa como protagonista en su parte del relato.

La Saga de Örvar-Oddr es un largo relato sobre las hazañas del héroe Oddr. Condenado a vivir una vida de 300 años y a morir por una serpiente que se esconde en el cráneo de su caballo muerto hace tiempo, Oddr va de batalla en batalla y de incursión en incursión, conquistando tanto a oponentes humanos como a gigantes. Oddr vive tanto por su ingenio como por la fuerza de su brazo que, como veremos, es útil incluso para tratar con gigantes amistosos. Oddr es una especie de héroe peripatético, que aparece en otras sagas además de la suya. Ya habremos visto a Oddr luchando junto a su amigo Hjalmar en la *Saga del Rey Heidrek el Sabio* antes de encontrarlo en su propia historia.

La saga final de este volumen es histórica, y trata de los viajes vikingos de finales del siglo X y principios del XI a lo que ahora es el noreste de Canadá. Las historias de estos viajes se cuentan en dos obras históricas, *La Saga de los Groenlandeses* y *La Saga de Eirik el Rojo*, que juntas se conocen como *Las Sagas de Vinlandia*. Aquí, seguimos a Bjarni Herjolfsson mientras descubre esta nueva tierra cuando se desvía del rumbo en su camino hacia Groenlandia, y luego los viajes de los hijos y la hija de Eirik y otros del asentamiento de Eirik en Groenlandia, que hacen sus propios intentos de asentarse en un nuevo lugar rico en uvas silvestres, salmón y otras cosas buenas.

Ya sea fantástica o histórica, las sagas vikingas nos muestran personajes muy humanos que se comportan de manera muy humana. Vemos el coraje y la villanía, la pena y la alegría, y la fuerza y la debilidad en estas complejas historias cuyos creadores y primeras audiencias vivieron hace más de mil años.

La Saga del Rey Heidrek el Sabio

Al igual que muchas otras sagas islandesas, la Saga del Rey Heidrek el Sabio -*que también se conoce como el* Ciclo Tyrfing *y la* Saga de Heverar- *no trata únicamente del personaje principal, sino que es un cuento que abarca la historia de varias generaciones de la misma familia, de la que Heidrek es solo un descendiente. En las primeras partes de la saga, aprendemos sobre los antepasados de Heidrek y sobre la historia de la espada encantada, Tyrfing. Las primeras secciones de la saga son relativamente cortas, pero cada sección sucesiva aumenta su longitud hasta que llegamos a la parte que trata del propio Heidrek, que constituye el grueso de la narración.*

Al principio, podría parecer difícil entender cómo Heidrek merece el apodo de "El Sabio". Heidrek es malicioso e impulsivo, deleitándose en iniciar peleas y sembrando la disensión entre los hombres de la corte de su padre. Su último acto malicioso en esa corte es lanzar una piedra que mata accidentalmente a su hermano, lo que lleva al destierro de Heidrek. Antes de que Heidrek sea obligado a irse, su padre le da algunos consejos, que Heidrek promete ignorar. En la historia que sigue, vemos cómo el desprecio de Heidrek por las reglas se convierte en una especie de sabiduría propia, aunque al final,

Heidrek debe pagar un alto precio por su despiadado y arrogante orgullo.

Algunos lectores pueden ver ecos de esta saga en las obras de J.R.R. Tolkien. La espada mágica Tyrfing parece haber sido una inspiración para las espadas elfas que brillan en presencia de los orcos y que pueden atravesar casi cualquier cosa con facilidad, mientras que el concurso de acertijos de Heidrek con Gestumblindi (literalmente "el huésped ciego") recuerda el intercambio de acertijos de Bilbo con Gollum en El Hobbit.

La versión de la saga de Heidrek presentada aquí ha sido abreviada para ajustarse a este libro. Solo se ha incluido un pequeño número de los acertijos del concurso de acertijos de Heidrek con Gestumblindi, y se ha omitido la parte de la saga que cuenta lo que sucedió después de la muerte de Heidrek, excepto una breve sinopsis. La historia de los reyes de Suecia que termina la saga ha sido omitida por completo.

De Svafrlami

Una vez hubo un rey llamado Svafrlami. Era el hijo del rey Sigrlami, que era el nieto de Odín. A Svafrlami nada le gustaba más que ir a la caza con sus amigos. A menudo se le podía encontrar en el bosque, con su lanza preparada, y rara vez volvía a casa con las manos vacías.

Un día, Svafrlami salió a cazar, pero a medida que pasaba el día, se separó de sus amigos, y se encontró en una parte del bosque que no reconocía. Mientras el sol se ponía, se encontró con una gran piedra que estaba frente a un acantilado. Dos enanos estaban de pie fuera de la piedra y claramente se preparaban para entrar en la hendidura detrás de ella y así ir a sus casas. Svafrlami espoleó a su caballo, y cuando llegó a la piedra, saltó rápidamente y puso su espada entre los enanos y la piedra.

Los enanos temían a este hombre grande y fuerte que empuñaba una espada brillante y montaba un caballo veloz—. ¡Por favor, no nos mates!—suplicaron—. ¡Solo intentamos volver a casa! ¡Déjanos ir en paz!

—Primero deben decirme sus nombres—dijo Svafrlami.

—Soy Dvalin—dijo un enano—y este es mi hermano, Dulin.

—Ah, he oído hablar de ustedes—dijo Svafrlami—. He oído que son los herreros más astutos del mundo. Los dejaré ir si me hacen una espada como nunca se ha visto. La hoja debe ser tan afilada que pueda cortar el acero más fuerte como si fuera pergamino, y nunca tendrá ninguna mota de óxido. La espada también me hará invencible; nunca perderé una batalla mientras la empuñe, y nunca fallará un golpe.

Los enanos aceptaron a regañadientes hacer la espada y fijaron un día para que el rey regresara a buscarla. Entonces los enanos fueron a su casa de la montaña, y Svafrlami cabalgó para encontrar el camino de vuelta a su propia fortaleza.

Cuando llegó el día en que los enanos le dieron la espada al rey, Svafrlami llegó a la piedra en las montañas para encontrar a Dvalin y Dulin parados afuera, y en las manos de Dvalin estaba la espada más hermosa que Svafrlami había visto. Tenía una funda y un cinturón del mejor cuero, y su empuñadura dorada brillaba al sol.

Dvalin le dio la espada al rey y le dijo—Aquí está la espada que pediste. Te la doy como acordamos, pero también te digo esto: cada vez que se desenvaine la espada, debe probar sangre, y debe ser envainada de nuevo con esa sangre todavía sobre ella. Se cometerán tres crímenes con esta espada, y al final, la espada será tu propia muerte.

Svafrlami sacó la espada y se la lanzó a los enanos, pero ellos fueron demasiado rápidos. Antes de que el golpe pudiera caer sobre ellos, Dvalin y Dulin se deslizaron a su casa de la montaña, y la espada se enterró profundamente en la pesada piedra que era su puerta. Svafrlami sacó la espada de la piedra, la envainó, luego montó su caballo y se alejó cabalgando, complacido con el trabajo de los enanos y burlándose de la maldición que habían puesto sobre él y sobre la espada. El rey llamó a la espada Tyrfing, y siempre que la llevaba a la batalla, él era el vencedor.

Svafrlami se casó y se convirtió en el padre de una hermosa hija llamada Eyfura. Durante mucho tiempo, las tierras de Svafrlami fueron pacíficas y seguras, ya que cada vez que un enemigo las atacaba, Svafrlami desafiaba al otro rey a un combate individual. Con la ayuda de la espada Tyrfing, Svafrlami conquistó a todos los enemigos que se atrevieron a aceptar su desafío.

Esto continuó durante muchos, muchos años, hasta que Svafrlami era un anciano. Un día, un vikingo llamado Arngrim dejó su fortaleza en la isla de Bolm y navegó a las tierras de Svafrlami, pensando en asaltar y saquear donde quisiera. Cuando Svafrlami se enteró de la llegada de Arngrim, envió un desafío para un combate individual, como era su costumbre. Arngrim aceptó el desafío y se encontró con Svafrlami en el campo de batalla a la hora indicada. Los dos guerreros se rodearon el uno al otro, sosteniendo sus escudos y maniobrando con sus espadas mientras sus ejércitos se paraban a ambos lados del campo, mirando. Pronto se desató la batalla en serio, pero no pasó mucho tiempo hasta que Svafrlami hizo un gran barrido con su espada que cortó el lado del escudo de Arngrim. Desafortunadamente para Svafrlami, el golpe fue apuntado con tal fuerza que la espada continuó hacia abajo hasta que su punta se alojó en la tierra. Arngrim aprovechó esta ventaja cortando la mano de Svafrlami en la muñeca y tomando a Tyrfing para sí mismo. Entonces Arngrim tomó a Tyrfing y partió en dos el cuerpo de Svafrlami con él, y de esta manera parte de la maldición de los enanos se cumplió, que el mismo Svafrlami sería asesinado por esa espada encantada.

Con Svafrlami derrotado, Arngrim y sus guerreros atacaron a los hombres de Svafrlami, y pronto el ejército de Arngrim obtuvo la victoria y recorrió las tierras saqueando y tomando cautivos, y no hubo nadie que se enfrentara a ellos. Uno de los cautivos era la hija de Svafrlami, Eyfura. Arngrim la tomó como su esposa, y juntos regresaron a su fortaleza en Bolm.

De los Hijos de Arngrim

Arngrim y Eyfura juntos tuvieron doce hijos. El mayor se llamaba Angantyr, y tras él siguieron a su vez Hervarth, Hjörvarth, Saeming, Hrani, Brami, Barri, Reifnir, Tind y Bui. También estaban los gemelos, ambos llamados Hadding, que eran los hijos más jóvenes de la familia. Cuando todos los chicos se habían convertido en hombres, Angantyr era el más alto y fuerte de todos ellos, mientras que los gemelos eran los más pequeños y débiles.

Pero incluso el más débil de los hijos de Arngrim era más fuerte que la mayoría de los demás hombres, y juntos los doce hermanos a menudo se embarcaban para ir a asaltar otras tierras. Nunca llevaron a nadie más con ellos, porque no necesitaban otra ayuda, y siempre volvían a casa con su barco cargado de botín. Pronto fueron tan temidos que cada vez que su vela aparecía en el horizonte, el rey de ese lugar y su gente se amontonaban en la playa y allí hacían un montón de sus mayores tesoros, para que los hijos de Arngrim pudieran tomar el oro y las joyas y otros bienes y luego salir sin matar o tomar cautivos o prender fuego a los tejados y a las madrigueras.

Cada uno de los hijos de Arngrim tenía su propia espada, y algunas de estas espadas se hicieron famosas en la historia y en las canciones. Angantyr recibió a Tyrfing como una reliquia de su padre. La espada de Hervarth se llamaba Hrotti, y la de Saeming se llamaba Mistiltein. Tyrfing era la más poderosa de todas. Brillaba con una luz plateada cuando se desenvainaba, una luz que provenía de la propia hoja y que podía incluso iluminar la oscuridad. Nunca podía el poseedor de Tyrfing devolver la espada a su vaina a menos que tuviera sangre fresca sobre la hoja, y quienquiera que golpeara la espada pereciera de la herida antes del final del día siguiente, incluso si la herida era muy leve.

Un Yule, los hijos de Arngrim estaban sentados para comer y beber, como era su costumbre. Al final del banquete, pasaban la copa de compromiso para que se pudieran hacer los votos del año siguiente. Cuando Hjörvarth recibió la copa, dijo—: Prometo que iré a Suecia y me casaré con la hija del Rey Yngvi. Ingeborg es la doncella más hermosa del mundo entero, y solo ella es digna de ser mi esposa. —entonces Hjörvarth bebió de la copa de compromiso, y así su voto fue sellado.

La primavera siguiente, Hjörvarth y sus hermanos tomaron un barco para Uppsala. Fueron a la corte del Rey Yngvi, donde fueron bien recibidos. Yngvi les concedió una audiencia en la cámara donde se sentó con sus más sabios consejeros y valientes guerreros, y al lado del rey se sentó la encantadora Ingeborg.

—Dime quién eres y cuál es tu misión—dijo Yngvi—y yo decidiré qué hacer al respecto.

Hjörvarth se puso de pie y dijo—: Soy Hjörvarth, hijo de Arngrim. He venido a pedir la mano de tu hija, Ingeborg, en matrimonio.

—Ya veo—dijo Yngvi, pero antes de que el rey pudiera decir algo más, Hjalmar, el guerrero más valiente de Yngvi, se puso de pie y dijo—: Te pido que me dejes hablar, oh rey. —El rey asintió con la cabeza, así que Hjalmar continuó—: Te he servido por mucho tiempo. He luchado para proteger a tu gente y tus tierras. He recibido heridas y he derramado sangre en tu nombre. Te pido que me des la mano de Ingeborg, y no la entregues a este extraño cuya vida está llena de asesinatos y robos.

Yngvi se encontró en un dilema. Si entregaba a su hija a Hjörvarth, perdería la lealtad de Hjalmar y se derramaría sangre. Si entregaba su hija a Hjalmar, Hjörvarth y sus hermanos no se irían hasta que cada persona en esa cámara fuera cortada en pedazos y la fortaleza fuera saqueada y quemada. Finalmente, el rey dijo—Ambos son dignos pretendientes, pero no es mi decisión. Ingeborg debe ser la que decida.

Ingeborg dijo—Si es mi elección, entonces elijo a Hjalmar. Sé que es un hombre bueno y honorable. Tendría un marido que sepa lo que es el honor, no un loco cuyas manos están manchadas con la sangre de tantos.

Hjörvarth respondió—: Muy bien, si ese es tu deseo, entonces así será. Pero desafío a Hjalmar a que se reúna conmigo en un combate individual en el verano. Nos encontraremos en Samsø. Si no vienes, Hjalmar, me aseguraré de que cada hombre, mujer y niño de todas las tierras sepa que eres un cobarde e incapaz de casarte con una dama de alta alcurnia como Ingeborg. No podrás mostrar tu cara en ningún lugar por vergüenza.

—No soy un cobarde—dijo Hjalmar—. Me reuniré contigo en Samsø en el verano, y veremos entonces quién prevalece.

Hjörvarth y sus hermanos navegaron a casa y le contaron a su padre todo lo que había pasado en Uppsala—. No me gusta—dijo Arngrim cuando escuchó el cuento—. Nunca he tenido motivos para temer por ninguno de mis hijos, pero esto para mí es un mal presagio. Aun así, no hay nada que hacer ahora; debes seguir con tu desafío, Hjörvarth, o ser nombrado cobarde.

Los hijos de Arngrim se quedaron en la casa de su padre durante todo el invierno. En la primavera, tomaron un barco para Samsø. En el camino, se detuvieron en la fortaleza del conde Bjartmar, que había sido amigo de Arngrim y sus hijos durante mucho tiempo. Bjartmar hizo que se celebrara una gran fiesta en honor de los doce jóvenes, y en la fiesta Angantyr pidió la mano de la hija del conde, Svafa, en matrimonio. El conde y su hija consintieron, y así ella y Angantyr se casaron con gran regocijo.

Pronto llegó el momento de que los hijos de Arngrim fueran a Samsø. Antes de embarcar, Angantyr pidió hablar con su suegro—. Mi señor—dijo Angantyr—tuve un sueño extraño anoche. He oído que eres sabio en estos asuntos, así que quizás puedas decirme qué significa.

—Cuéntame tu sueño y haré lo que pueda—dijo el conde.

—Soñé que estábamos en Samsø. Había muchos pájaros allí, y mis hermanos y yo los matábamos a todos. Mientras nos preparábamos para salir, dos grandes águilas se abalanzaron sobre nosotros. Luché con un águila, y mis hermanos lucharon todos contra la otra. Pero estábamos débiles por haber matado a todos los demás pájaros, y así todos fuimos vencidos.

—No hay ningún secreto para este sueño—dijo el conde—. Predice la muerte de doce feroces guerreros.

Angantyr y sus hermanos navegaron entonces hacia Samsø. Cuando llegaron, vieron dos barcos en el puerto y adivinaron que eran los barcos de Hjalmar. De hecho, solo uno era de Hjalmar; el otro pertenecía al amigo de Hjalmar, Örvar-Oddr, que había ido a Samsø para prestar su apoyo a Hjalmar si era necesario.

Cuando los hijos de Arngrim vieron esos barcos, la furia berserker se apoderó de ellos. Abordaron los barcos, y aunque los hombres de Hjalmar y Oddr lucharon con valentía, no pudieron resistir a Angantyr y sus hermanos. Pronto todos los hombres a bordo de los barcos habían sido asesinados, y los hijos de Arngrim se dirigieron hacia el interior en busca de Hjalmar.

Hjalmar y Oddr no estaban en los barcos cuando los hermanos llegaron. Habían bajado a tierra y caminado hacia el interior, pensando en esperar a Hjörvarth y así estar listos para el combate. El tiempo pasó, y cuando el retador y sus hermanos no llegaron, Hjalmar y Oddr decidieron volver a la orilla para ver si algo había sucedido allí. No lejos de la playa, se encontraron con los hijos de Arngrim. La furia berserker los había dejado, haciéndolos más débiles que en otros tiempos, y sus espadas estaban empapadas de sangre, contando la historia de sus acciones en los barcos.

Hjalmar y Oddr se detuvieron—. ¿Ves lo que ha ocurrido?—dijo Hjalmar—. Ya han matado a todos nuestros hombres y es probable que también nos maten a nosotros. Sin duda estaremos bebiendo cerveza con Odín en el Valhalla esta noche.

Oddr respondió—: Valhalla puede ser un lugar glorioso y Odín un amable anfitrión, pero tengo otros planes para esta noche. Mataremos a todos y cada uno de esos berserkers, aunque solo seamos nosotros dos y ellos doce.

Alentado por las palabras de Oddr, Hjalmar dijo—: Que así sea. Lucharemos con esos doce, y veremos quién tendrá la victoria. —Entonces Hjalmar dijo— ¡Mira! Angantyr lleva la espada Tyrfing. ¿Ves cómo brilla? ¿Cómo dividiremos la lucha? ¿Tomarás a Angantyr solo y yo los otros once, o debo luchar contra Angantyr y tú con sus hermanos?

—Quiero luchar contra Angantyr—dijo Oddr—. Tyrfing es una hoja poderosa, seguro, pero mi armadura de cadena es mejor que la tuya.

—Tal vez sea así—dijo Hjalmar—pero yo soy el líder aquí, y es mi honor el que está en juego, no el tuyo. Yo peleo contra Angantyr, y tú peleas contra sus hermanos. No permitiré que se diga que tuve miedo de enfrentar a Tyrfing.

Y así Hjalmar y Oddr bajaron a la playa y desafiaron a Angantyr y sus hermanos. Hjalmar luchó valientemente contra Angantyr, y Oddr luchó contra los otros once, cortándolos uno por uno. Cuando la batalla terminó, Angantyr y todos los hijos de Arngrim yacían muertos.

Oddr se volvió hacia Hjalmar, que estaba sentado en la hierba—. ¿Ves?—dijo Oddr—. ¡Sabía que saldríamos victoriosos! ¿Pero por qué estás tan pálido? ¡Y tu armadura está hecha jirones!

Hjalmar respondió—He recibido dieciséis heridas en mi batalla con Angantyr. Puede que tú no seas el invitado de Odín esta noche, pero seguro que yo lo seré. Una de esas heridas está justo debajo de mi corazón. —entonces Hjalmar tomó el anillo de su dedo y se lo dio a Oddr, diciendo—: Lleva este anillo de vuelta a Ingeborg. Dáselo como una muestra de mi amor. —Hjalmar tomó un último aliento y luego murió.

Oddr hizo túmulos para cada uno de los hijos de Arngrim y los colocó allí con todas sus armas. Tyrfing fue colocada en el túmulo con Angantyr. Cuando esto se hizo, Oddr llevó el cuerpo de Hjalmar de vuelta a Suecia para ser enterrado allí, pero una vez que Ingeborg vio que Hjalmar estaba muerto, murió de un corazón roto, y los dos fueron enterrados juntos en una tumba.

De Hervor, que también llevaba el nombre de Hervarth

En la corte del Conde Bjartmar, la esposa de Angantyr, Svafa, estaba embarazada. Cuando llegó su momento, dio a luz a una niña, a la que llamó Hervor. Svafa hizo a su propio padre el padre adoptivo de Hervor, y ambos juraron nunca decirle a Hervor sobre Angantyr, para no tratar de vengarse de él.

Hervor creció grande y fuerte, y ella tenía el espíritu berserker de su padre. No se contentó con quedarse en casa y aprender bordado y otras artes femeninas; en cambio, tomó el arco y la espada y rápidamente se convirtió en una guerrera y cazadora más consumada que muchos de los hombres adultos de la corte del conde. Cuando alguien intentaba quitarle las armas y ponerla con la aguja, ella se escapaba al bosque, donde vivía como un bandolero, robando a cualquiera que se le acercara. Cuando el conde se enteró de lo que Hervor había estado haciendo, envió hombres al bosque para capturarla y llevarla a su corte por la fuerza.

Durante un tiempo, Hervor vivió en la casa de su abuelo, pero no estaba más tranquila allí de lo que había estado en el bosque. A menudo se divertía atormentando a los esclavos de la casa. Durante un tiempo, los esclavos soportaron estos malos tratos sin decir nada, pero finalmente uno de ellos no pudo mantener su calma por más tiempo—. Eres una persona malvada, Hervor, y pasas todos tus días haciendo cosas malas. Pero supongo que esto es de esperar, dado tu linaje. ¿Sabes por qué tu abuelo nunca ha mencionado el nombre de tu padre? Porque no era más que un humilde porquero, y tú, a su vez, has heredado esa baja naturaleza.

Hervor entonces corrió hacia su abuelo y exigió que le dijeran la verdad—. ¿Era mi padre realmente un porquero? ¿Soy realmente la hija de un patán de tan baja cuna?

Bjartmar suspiró—. No, Hervor, no eres la hija de un porquero. Eres la hija de Angantyr, hijo de Arngrim, y la sangre de berserker corre por tus venas. Tu padre y sus hermanos murieron en batalla en la isla de Samsø antes de que nacieras.

Cuando Hervor escuchó esto, se vistió con ropa de hombre y encontró una espada y un arco con una aljaba de flechas. Fue a ver a su madre y a su abuelo y les dijo—: No puedo quedarme más tiempo aquí. Tomaré un barco y viviré la vida de un vikingo. Buscaré los túmulos de mi padre y mis tíos. Tomaré a Tyrfing como mía, y luego vengaré a mi padre y a todos sus hermanos.

La madre y el abuelo de Hervor trataron de hacerla cambiar de opinión, pero Hervor no se dejó influenciar. Se cambió el nombre a Hervarth y bajó al puerto, donde encontró un barco y una tripulación que estaban dispuestos a ir de incursión con ella. Navegaron de un lugar a otro, saqueando a medida que iban, pero Hervarth siempre pensaba en su padre y en sus tíos y en lo que debía hacer para vengarlos.

Una noche, Hervarth fue a ver al capitán del barco y le dijo—: Debemos navegar hasta Samsø.

—No navegaré allí—dijo el capitán—. Ese lugar tiene un mal nombre. Está embrujado por todo tipo de espíritus. Si vamos allí, ninguno de nosotros saldrá vivo.

—Navegamos donde yo digo que navegamos—dijo Hervarth—. Y si tú y los demás son demasiado cobardes para ir a tierra, pueden esperarme en el barco. Lo que tengo que hacer, debo hacerlo solo, en cualquier caso.

—Muy bien—dijo el capitán—pero si te va mal con los espíritus, no iremos a buscar tu cuerpo. Puedes pudrirte allí y ser comida para los cuervos, si los espíritus no te devoran primero.

Y así navegaron hacia Samsø, pero cuando llegaron, el capitán no se dirigió al muelle, sino que ancló el barco en el puerto justo cuando el sol comenzaba a ponerse. Hervarth tomó uno de los pequeños botes de remos que tenían a bordo y se fue a tierra sola. Empezó a caminar hacia el interior, y pronto se encontró con un pastor que recogía su rebaño para pasar la noche.

—¡Tú!—dijo Hervarth—. ¿Puedes decirme dónde pueden estar los túmulos de Hjörvarth y sus hermanos?

—Puedo decirte—dijo el pastor—pero si tienes algo de sentido común, te mantendrás alejado de ese lugar. ¿Y no ves que el sol se está poniendo? No es seguro estar aquí después del anochecer. Deberías volver al lugar de donde viniste.

—Eso no lo haré—dijo Hervarth—. No temo ni al hombre ni al espíritu. Ahora dime, ¿dónde están los túmulos?

—Están allí, más allá del bosque—dijo el pastor—. Los reconocerás por la llama que arde a su alrededor, día y noche. Si no tienes el sentido común de entrar antes de que oscurezca, yo sí.

Sin decir una palabra más, el pastor llamó a sus perros y a sus ovejas y se puso en camino hacia su casa.

Hervarth caminó en la dirección que el pastor le había mostrado, y pronto vio la luz de las llamas alrededor de los túmulos. Cuando Hervarth se acercó, vio que el fuego no era algo hecho y atendido por manos humanas. Aunque las llamas saltaban alto en el aire, no consumían nada a su alrededor, ni siquiera la hierba seca a sus pies.

Hervarth atravesó el muro de llamas sin miedo y se paró frente a los túmulos de los doce hermanos. Miró los túmulos un momento y luego dijo:

¡Despierta, Angantyr!

La hija de Sfava

te dice, "¡Despierta!"

Tu única hija, Hervor,

está aquí para despertarte.
¡Despierta, Angantyr!
¡Despierta a Saeming!
¡Despierta a Hjörvarth!
Dame la espada
con la hoja brillante
y la empuñadura dorada,
la espada forjada por Dvalin
para Svafrlami.

Cuando Hervarth terminó su conjuro, la tierra de uno de los túmulos se agitó. Una niebla se reunió en la parte superior, y de la niebla surgió la sombra de Angantyr. La sombra miró a Hervarth y dijo:

¿Por qué me despiertas?
¿Por qué estás aquí?
Hija mía,
este no es un lugar para los vivos.
La hoja que buscas
no está aquí.
Ningún pariente me enterró;
un enemigo me colocó aquí.
Me colocó en mi túmulo,
la espada se llevó con él.
¡No la busques!
Será tu perdición.

Entonces Hervarth dijo:
No temo a la perdición,
ni las palabras de una sombra.

¡No me digas mentiras!
¡Dame la espada!
Es mi derecho de nacimiento,
y está ah.
contigo en tu túmulo.
Angantyr respondió:
La espada tendrás
pero no antes
Te hablo de tu perdición.
Un hijo que tendrás,
Heidrek será nombrado.
Tyrfing será su espada,
será el más fuerte de los hombres.
La espada está aquí,
bajo mi espalda,
envuelta en llamas.
Ninguna mujer tiene el coraje
suficiente para tomarla.
Hervarth respondió,
Tengo coraje,
suficiente para tomar la espada.
Puedo verla ahora,
envuelta en llamas.
Si no la cedes,
La tomaré yo misma.
Incluso ahora
las llamas se apagan

mientras me acerco a tu túmulo.

Entonces la sombra de Angantyr dijo,

¡Muy bien!

No la tomes;

Te la daré.

Pero solo traerá dolor,

solo la pena, solo la ruina

a ti y a los tuyos.

¡Que te vaya bien!

Ojalá que yo y mis hermanos

pudiéramos levantarnos y caminar contigo.

Pero ese no es nuestro destino.

¡Que te vaya bien!

Cuando la sombra de Angantyr terminó de hablar, se disolvió en la niebla. La niebla se disolvió de nuevo en la tierra, y en su lugar en la cima del túmulo estaba Tyrfing, con su vaina y su cinturón. Hervarth tomó la espada y dijo:

¡Que te vaya bien!

Que descanses aquí

sin ser molestado.

Debo ir;

El túmulo no es un lugar

para una mujer viva.

¡Que te vaya bien!

Entonces Hervarth volvió a atravesar el muro de llamas y se puso en marcha a través del bosque. Había sido un largo viaje hasta los túmulos, y fue un largo viaje de regreso. Cuando llegó a la orilla, el sol ya se asomaba por el horizonte, y a la luz del amanecer, Hervarth vio que su barco ya había salido del puerto, dejándola varada allí en la isla. Entonces se dirigió al pueblo más cercano, donde pudo comprar un pasaje para volver a tierra firme.

Hervarth viajó hasta que llegó a la corte del rey Gudmund. Allí permaneció un tiempo, pero como todavía iba vestida con ropa de hombre y seguía llamándose por el nombre de un hombre, nadie reconoció que era una mujer. Gudmund y sus cortesanos fueron amables con Hervarth, y la trataron como si fuera un hombre como ellos.

Un día, Gudmund estaba jugando al ajedrez y se dio cuenta de que era probable que perdiera. Suspiró y luego dijo—Parece que estoy vencido. ¿Nadie aquí puede rescatarme y cambiar el juego a mi favor?

—Puedo hacerlo, milord—dijo Hervarth, y entonces Gudmund le dio su asiento y comenzó a jugar. Hervarth no tardó mucho en invertir la suerte del rey, pero mientras ella jugaba, uno de los cortesanos tomó su espada del lugar donde la había colocado y la giró en sus manos, admirando la artesanía de la vaina y la empuñadura. Entonces el cortesano sacó la espada y dijo— ¡Aquí hay una hoja muy noble, de hecho! ¡Nunca he visto una tan fina!

Hervarth había estado tan absorta en el juego que no se dio cuenta de que el cortesano tenía a Tyrfing en sus manos hasta que la sacó y comenzó a exclamar. Inmediatamente, Hervarth se dirigió al cortesano, le quitó la espada de su mano y le golpeó la cabeza con la espada. Tomó la vaina y el cinturón, envainó la espada y dejó la corte de Gudmund.

Todos los guerreros de Gudmund clamaban que se les permitiera seguir a Hervarth para vengarse de la muerte de su compañero, pero Gudmund no lo permitió—. Hay más en ese Hervarth de lo que se ve a simple vista—dijo—y tendrán poca fama por su muerte, sobre todo porque sospecho que es una mujer. Esa mujer posee una poderosa espada y sin duda sabe cómo usarla; me temo que ninguno de ustedes regresará vivo de esa misión. Esta es mi última palabra: nadie seguirá a Hervarth. Ella deja mi corte en paz.

Durante un tiempo, Hervarth se fue de incursión con los vikingos, pero pronto se cansó de esa vida. Tomó un barco a la corte de su abuelo, donde fue recibida con alegría por el conde y su madre. Hervarth dejó a un lado su ropa de hombre y se puso el traje de mujer. Retomó su propio nombre y comenzó a trabajar en su bordado. Pronto la historia de la bella mujer que había llegado a la corte del conde se extendió por todas las tierras, y muchos jóvenes pensaron en pedirle su mano en matrimonio.

El rey Gudmund tenía un hijo llamado Höfund, y era un hombre fuerte y sabio. Un día, Höfund fue a su padre y le dijo—Padre, es hora de que tome una esposa. Vengo a pedirte ayuda en esto. ¿Con quién sería mejor que me casara?

El rey Gudmund dijo—: No conozco a nadie mejor que Hervor, nieta del conde Bjartmar. Ella es la que debe convertirse en tu esposa.

Höfund estuvo de acuerdo con esto, y pronto el rey Gudmund envió emisarios a la corte de Bjartmar para hacer ese recado. Bjartmar los recibió bien, y cuando Hervor supo que Höfund le pidió la mano, aceptó casarse con él. Pronto todo estuvo preparado, y Höfund y Hervor se casaron con gran alegría y festejo, y vivieron juntos felizmente como marido y mujer.

De Heidrek

Höfund era el más sabio de los hombres, y todo el pueblo elogiaba su buen juicio. Era tan sabio que los jueces siempre fueron conocidos como "höfund" en su honor. Siempre que Höfund tomaba una decisión, nadie se atrevía a ir en contra.

Höfund y Hervor tuvieron dos hijos. El mayor se llamaba Angantyr, y el menor se llamaba Heidrek. Ambos se convirtieron en hombres fuertes, altos y de cara bonita. Angantyr se parecía a su padre. Era sabio y quería hacer lo correcto para todos. Pero Heidrek, cuyo padre adoptivo era el héroe Gizur, era todo lo contrario. Heidrek era astuto y hábil, y felizmente sembraba la disensión donde podía.

Llegó un momento en que Höfund tuvo un festín en su fortaleza. Invitó a todo el mundo a ir y participar de la fiesta, excepto a Heidrek. Cuando Heidrek se enteró de esto, se enfadó mucho y decidió ir a la fiesta tanto si había sido invitado como si no. También quería hacer travesuras entre los hombres de su padre en venganza por el desaire.

Heidrek fue a la fortaleza de Höfund y entró en el gran salón como si perteneciera allí. Höfund y los demás hombres miraron con ira a Heidrek, no solo porque se atrevió a aparecer sin ser invitado, sino también porque sabían que su presencia allí no serviría de nada. Angantyr, sin embargo, se levantó y saludó a su hermano y le dio un asiento a su lado en la mesa. Heidrek no se alegró de ello, sino que se sentó allí frunciendo el ceño.

Después de un tiempo, Angantyr dejó la fiesta. Heidrek comenzó a hablar con los hombres que estaban sentados a ambos lados de él, entrelazando su charla con palabras distorsionadas que hacían que un hombre pensara que el otro le insultaba, mientras él se mantenía al margen de la disputa. Pronto la discusión creció a tal punto que llegó a los golpes. Heidrek se mantuvo alejado de la pelea, sentándose con silencioso placer ante la malicia que había causado.

Mientras la pelea seguía, Angantyr volvió a la sala.

—¿Qué es esto?—dijo—. ¿Por qué luchan aquí en la sala de mi padre, donde todos deberían estar en paz unos con otros?

Los hombres dejaron de pelear y volvieron a sus asientos, pero no estaban en paz entre ellos.

Después de un rato, Angantyr se fue de nuevo, y Heidrek recordó a los hombres su discusión. Esto provocó que la lucha se reanudara, y no cesó hasta que Angantyr volvió y les dijo a ambos que hicieran las paces entre ellos. De nuevo, Angantyr salió, y de nuevo Heidrek incitó a los hombres a discutir. Esta vez, uno de los hombres tomó su cuchillo y mató al otro. Angantyr estaba muy enojado por lo que había pasado, y cuando Höfund se enteró, le dijo a Heidrek que se fuera a casa y dejara de crear problemas.

Heidrek salió del salón y Angantyr fue con él, y se despidieron en la explanada. Heidrek se marchó, pero no había ido muy lejos cuando decidió que había más travesuras que hacer. Miró en el suelo y encontró una gran piedra. Escuchó y pudo oír a la gente hablando entre ellos fuera de la sala. Heidrek cogió la piedra en su mano y la tiró en dirección a las voces. Por los sonidos que siguieron, Heidrek supo que la piedra había golpeado a alguien. Fue a ver quién había sido golpeado, y cuando se dio cuenta de que había matado a su hermano, huyó al bosque.

Heidrek se arrepintió de su acto, así que por la mañana volvió a la sala y les contó todo a su padre y a su madre. Cuando Höfund escuchó la historia, se enojó mucho—. Este es un acto sucio que has hecho, Heidrek, más sucio que cualquier otra travesura que hayas hecho hasta ahora. No solo has matado a un hombre desde lejos sin darle la oportunidad de defenderse, sino que has matado a tu único hermano. Mereces ser colgado por esto, pero no voy a dictar esa sentencia. Más bien, serás un forajido. Abandona mi reino y no vuelvas nunca más, bajo pena de muerte.

Hervor se preocupó por el juicio de Höfund, ya que de sus dos hijos quería más a Heidrek—. Seguramente, esposo, esta sentencia es demasiado dura. ¿No debería permitirse a nuestro hijo volver con sus padres en algún momento? ¿Perderá toda su herencia?

—Mi juicio se mantiene, esposa—dijo Höfund—. Heidrek es un forajido a partir de este momento.

—Si no cedes—dijo Hervor—al menos dale un buen consejo antes de que se vaya.

—No se merece nada, ni siquiera buenas palabras—dijo Höfund—pero porque tú lo pides, yo lo daré.

Höfund se dirigió a Heidrek y le dijo—: Este es mi consejo, aunque dudo mucho que lo sigas. Primero, nunca ayudes a un hombre que ha traicionado a su señor. Segundo, nunca protejas a un asesino. Tercero, no dejes que tu esposa vaya a casa a visitar a sus parientes, no importa cuánto pueda rogar por esto. Cuarto, no pierdas el tiempo con tu amante. Quinto, cuando tengas prisa, no montes tu mejor caballo. Sexto, no seas un padre adoptivo del hijo de un hombre de mayor estatus que tú. Ese es mi consejo, aunque probablemente lo consideres de poco valor.

Heidrek dijo—: Tengo en baja estima tu consejo porque fue dado con mala voluntad. No estoy obligado a seguir ni una sola palabra de él. —entonces Heidrek se dio vuelta y dejó el salón, y en un momento su madre lo siguió.

—Heidrek, hijo mío—dijo Hervor—esta vez sí que te has hecho daño. Höfund nunca cederá, y nunca podrás volver. Pero te daré algunos regalos antes de que te vayas. Aquí hay una bolsa llena de oro, y aquí una espada. Esta espada es Tyrfing, y una vez perteneció a mi padre, Angantyr el berserker. Es una espada famosa; todo el mundo ha oído hablar de ella. También es una espada victoriosa; cuando la desenvaines, saldrás victorioso. Ahora debes irte. Adiós. —entonces Hervor volvió al salón, y Heidrek se alejó para encontrar su fortuna como forajido.

Después de que Heidrek estuvo viajando durante algún tiempo, se encontró con un grupo de hombres. Uno de los hombres estaba atado con cuerdas.

—¿Qué ha hecho este hombre para que lo aten así?—preguntó Heidrek.

—Traicionó a su señor—dijo uno de los hombres del grupo.

—¿Aceptarán un rescate por él?—preguntó Heidrek—. Les daré la mitad del oro de mi bolso si lo dejan ir.

Los hombres se consultaron entre ellos y luego dijeron que estaban de acuerdo con los términos de Heidrek. Heidrek les dio el oro, y luego soltaron al otro de sus ataduras.

—Gracias por perdonarme—dijo el hombre que había sido atado—. A cambio de tu amabilidad, te ofrezco mi servicio.

—Ese servicio no lo aceptaré—dijo Heidrek—. Un hombre que está dispuesto a traicionar a su propio señor es probable que haga lo mismo conmigo. Sigue tu propio camino; no quiero volver a verte nunca más.

Heidrek reanudó su viaje, y pronto se encontró con otro grupo de hombres guiando a otro hombre que estaba atado con cuerdas, como el primero.

—¿Qué ha hecho este hombre para que lo aten así?—preguntó Heidrek.

—Es un asesino—dijo uno de los hombres del grupo.

—¿Aceptarán un rescate por él?—dijo Heidrek—. Les daré la mitad del oro de mi bolso si lo dejan ir.

Los hombres se consultaron entre ellos y luego dijeron que estaban de acuerdo con los términos de Heidrek. Heidrek les dio el oro, y luego soltaron al otro de sus ataduras.

—Gracias por perdonarme—dijo el hombre que había sido atado—. A cambio de tu amabilidad, te ofrezco mi servicio.

—Ese servicio no lo aceptaré—dijo Heidrek—. Alguien que está dispuesto a asesinar a un hombre es probable que haga lo mismo conmigo. Sigue tu propio camino; no quiero volver a verte nunca más.

Heidrek vagó por el mundo durante mucho tiempo hasta que finalmente llegó a Reidgotaland, donde un hombre llamado Harald era el rey, que hizo que Heidrek fuera muy bienvenido. Harald tenía ahora una gran edad, y se lamentaba de no tener un heredero que tomara el trono después de él. Pero ese no era el final de los problemas de Harald. Algunos de sus condes se habían levantado contra él, y para evitar la guerra y la pérdida de su trono, Harald había acordado pagarles un gran tributo.

Un día, Heidrek vio una gran pila de tesoros amontonados en el patio de la fortaleza de Harald. Heidrek fue a Harald y le preguntó—¿Qué es esto? ¿Este tributo que recibes de las tierras que has conquistado?

—¡Ojalá fuera así!—dijo Harald—. Pero, por desgracia, no. Este es un tributo que debo pagar a mis condes.

—¡Seguro esto es algo vergonzoso para un rey como tú!—dijo Heidrek—. ¿Por qué no te resistes?

—Porque este es el precio de la paz. Soy demasiado viejo para seguir luchando contra ellos, y no quiero que causen estragos entre mi gente si no pago. Además, cuando me enfrenté a ellos en el pasado, me fue mal a mí y a mis hombres.

—Milord, permíteme dirigir tu ejército contra estos condes—dijo Heidrek—. Tengo una deuda de gratitud contigo por tu hospitalidad, y me duele ver a un rey de un reino tan grande reducido a pagar tributo a sus propios condes.

—Muy bien—dijo el rey—. Puedes dirigir mi ejército contra ellos, y si derrotas a estos condes, tu recompensa será muy grande. Pero me temo que no te irá bien y que no volverás a mi casa cuando todo esté hecho.

Harald puso entonces su ejército bajo el mando de Heidrek, y todo se preparó para asaltar las tierras de los condes rebeldes. Heidrek lideró el ejército en el territorio de un conde tras otro, saqueando y matando a medida que avanzaban. Cuando los condes oyeron lo que el ejército de Heidrek estaba haciendo, convocaron a su propio anfitrión y salieron a su encuentro. Pronto los dos ejércitos se encontraron, y la batalla se desató. Heidrek cabalgó a la cabeza de su ejército con Tyrfing. Cada hombre al que Heidrek se enfrentó fue asesinado, porque Tyrfing atravesó el yelmo, el escudo y la armadura como una guadaña a través del heno. Heidrek se abrió camino a través de la presión de los hombres hasta que encontró a los condes, y luego mató a cada uno de ellos. Cuando los hombres de los condes vieron que sus líderes habían sido asesinados y que la mayor parte de su ejército ya estaba muerto en el campo, huyeron, y el día fue el de Heidrek.

Cuando la batalla terminó, Heidrek recorrió los dominios de los condes y dijo a la gente que ahora debían rendir tributo a Harald. Recogió el tributo y regresó triunfante a la fortaleza de Harald.

—¡Bienvenido, de verdad!—dijo Harald cuando vio el regreso de Heidrek y la enorme cantidad de tesoros que llevaba consigo—. Has salvado mi reino y además lo has enriquecido. Cualquier cosa que pidas, te la daré.

—Pido la mano de tu hija, Helga, en matrimonio—dijo Heidrek—y la mitad de tu reino.

—Son ambos tuyos, con mi bendición y mi gran agradecimiento—dijo el rey.

De la realeza de Heidrek

Heidrek y Helga vivieron juntos muy felices. Tuvieron un hijo, al que llamaron Angantyr, y Harald en su vejez finalmente tuvo un hijo propio, que se llamaba Halfdan.

Durante un tiempo, todo fue bien en Reidgotaland. Heidrek y Harald gobernaron sabiamente y bien, y el pueblo prosperó. Pero entonces llegó una gran hambruna, una que nadie recordaba haber tenido antes. El Rey Harald y Heidrek fueron a los adivinos a preguntar qué se podía hacer porque su gente estaba pasando hambre, y nada de lo que intentaron hizo ningún bien.

Los adivinos echaron a suertes y leyeron el augurio. Les dijeron a los reyes que la única manera de apaciguar a los dioses era sacrificar al niño más noble de la tierra.

—Seguramente tu hijo es el más noble—dijo Harald—. Él debería ser el sacrificado.

—No, es tu hijo el que es más noble que el mío—dijo Heidrek—. Halfdan debería ser el sacrificio.

Los dos reyes discutieron sobre esto durante mucho tiempo. Finalmente, decidieron someter su disputa al rey Höfund, ya que era el único lo suficientemente sabio para juzgar el caso. Heidrek fue nombrado líder de la misión, que incluía a los principales nobles y consejeros más sabios de su reino y del de Harald. Cuando la misión llegó a la corte de su padre, fueron muy bienvenidos.

Höfund escuchó el caso y luego pronunció el fallo. Dijo—: El hijo de Heidrek, Angantyr, es el más noble de la tierra. Es él quien debe ser sacrificado.

—Muy bien—dijo Heidrek—pero si mi hijo es el que muere, ¿qué recompensa debo recibir?

—Deberías exigir que todos los demás hombres de la misión que te acompañaron aquí se entreguen a tu servicio—dijo Höfund—. Después de eso, dependerá de ti decidir qué es lo que se hará a continuación.

Heidrek y los demás volvieron a Reidgotaland. Heidrek le dijo a Harald cuál había sido el juicio, y Harald estuvo de acuerdo. Entregó los hombres a Heidrek, y se fijó un tiempo y lugar para el sacrificio. Pero en lugar de prepararse para la ceremonia, Heidrek reunió a su ejército y marchó hacia Harald. Hubo una gran batalla, y al final, Heidrek luchó y mató a Harald. Entonces Heidrek afirmó que todo el reino de Harald era ahora suyo, y que el sacrificio a Odín sería el de los muertos que ahora yacían en el campo. Cuando Helga se enteró de lo que su marido había hecho, estaba tan angustiada por la muerte de su padre que se ahorcó.

Llegó un momento en que Heidrek convocó a su ejército y fue a hacer campaña con ellos en el sur. Fueron a la tierra de los hunos, donde el rey se llamaba Humli. Heidrek derrotó a Humli y tomó cautiva a la hija de Humli, Sifka. Durante un tiempo, Sifka vivió con Heidrek como su amante, pero cuando quedó embarazada, Heidrek la envió de vuelta con su padre. Sifka dio a luz a un niño que se llamaba Hlöd. Hlöd fue criado por su abuelo, Humli, y se dice que era el niño más hermoso que hubo nacido.

En otra ocasión, Heidrek reunió a su ejército y fue a Saxland, pensando en conquistarla. Cuando el rey de Saxland vio el ejército de Heidrek, envió una misión para pedir la paz. Heidrek aceptó, con la condición de que el rey le diera sus tierras a Heidrek y a su hija en matrimonio, además, ya que era una doncella muy hermosa, y Heidrek había oído hablar de su gran belleza. El rey de Saxland aceptó, y así se celebró una gran fiesta para celebrar la paz y la boda de Heidrek y la hija del rey de Saxland. Heidrek incrementó su riqueza y su reino en esta operación, y se convirtió en un gran rey.

De vez en cuando, la esposa de Heidrek pedía permiso para ir a Saxland a visitar a su padre. Heidrek, por supuesto, le concedía permiso, ya que aún no había ido en contra de ese consejo de Höfund. En estas ocasiones, la reina a menudo se llevaba al pequeño Angantyr con ella.

Un verano, Heidrek había salido a hacer una incursión con algunos de sus hombres. Su viaje los llevó cerca de Saxland, así que Heidrek decidió remar hasta la costa en un pequeño bote, acompañado por otro. Fueron por la noche, en silencio a la playa en su barco y luego se arrastraron hacia la fortaleza del rey. Heidrek y su compañero fueron a la ventana de la cámara donde la esposa de Heidrek solía dormir, y miraron dentro. Allí vieron a la reina, dormida en los brazos de otro hombre de pelo largo y dorado. El pequeño Angantyr estaba en un catre propio en otra parte de la habitación.

—Seguramente los matarás a los dos—dijo el compañero de Heidrek—. Ningún rey debería tener que vivir con esa vergüenza.

—No, no los mataré—dijo Heidrek.

—Has matado a otros hombres por mucho menos.

—Sí, pero esta vez quiero hacer otra cosa.

Heidrek evadió a los vigilantes y se arrastró silenciosamente a la alcoba. Tomó su cuchillo y cortó un gran mechón de pelo de la cabeza del hombre sin despertarlo ni a él ni a la reina. Entonces Heidrek cogió al Angantyr dormido y lo llevó de vuelta a sus barcos.

Por la mañana, Heidrek navegó hasta el puerto y fue recibido con gran regocijo. El rey de Saxland convocó un festín, y cuando Heidrek se sentó en el salón, dijo—: Veo a mi señora reina, pero ¿dónde está mi hijo?

Se hizo un silencio.

La reina dijo—: Tengo una triste noticia que dar. Angantyr murió en la noche. Por eso no está aquí.

—¿Murió? ¿Mi hijo? No lo creo—dijo Heidrek—. Muéstrame su cuerpo.

La reina llevó a Heidrek al lugar donde dijo que estaba el cuerpo de Angantyr. Heidrek deshizo las envolturas alrededor del cadáver y vio que la criatura que había dentro era un perro.

—¡Bien!—dijo Heidrek—. ¡Mi hijo está realmente en un estado lamentable, ya que no solo está muerto, sino que también se ha convertido en un perro!

Entonces Heidrek mandó a buscar a Angantyr, y cuando el chico entró en la sala, Heidrek sacó el mechón de pelo de su bolso y dijo—: Aquí ves a mi hijo, bastante vivo, y no es un perro. Ahora me gustaría saber de quién de ustedes tomé este mechón de pelo.

Heidrek sostenía el mechón de pelo, similar a todos los hombres de la corte, pero no pertenecía a ninguno de ellos. Entonces Heidrek comenzó a buscar entre los sirvientes y esclavos del lugar hasta que llegó a la cocina, donde uno de los esclavos tenía un paño envuelto alrededor de su cabeza. Heidrek arrancó la tela de la cabeza del hombre y sostuvo el mechón de pelo.

—Seguramente nadie dirá que este no es su pelo—dijo Heidrek, y todos tuvieron que admitir que sí pertenecía al hombre.

Heidrek se dirigió al rey de Saxland y le dijo—: Siempre has sido un anfitrión amable y siempre has estado en paz con mi reino. No te haré la guerra por esto, aunque tenga una causa justa. Pero a tu hija la devuelvo a ti; ya no la quiero.

Entonces Heidrek dejó la corte con Angantyr y volvió a su propio reino.

El verano siguiente, Heidrek decidió que era hora de ir en contra de otro de los consejos de su padre. Heidrek convocó mensajeros y los envió al rey de Gardar en Gardariki para pedir que le permitieran acoger al hijo del rey. El rey del Gardar escuchó la petición de Heidrek y dijo a los mensajeros—No tengo intención de enviar a mi hijo al rey Heidrek. Es un hombre malvado, astuto y hábil, y no deseo que mi hijo viva con él.

Pero la reina dijo—: ¡Piense lo que estás diciendo, milord! El Rey Heidrek puede tener una mala reputación, pero también es un rey muy poderoso, y todos saben lo despiadado que es. Si tú rechazas esta petición, él puede enojarse. Entonces nos irá mal.

Así que el rey de Gardar cedió y envió a su hijo a ser acogido por Heidrek. El joven fue bienvenido en la corte de Heidrek. Heidrek fue un buen padre adoptivo para el niño, enseñándole todo lo que necesitaba saber y amándolo como si fuera suyo.

En ese momento, Sifka, la hija de Humli, el rey de los hunos, había regresado a vivir con Heidrek. Los consejeros de Heidrek no confiaban en Sifka, así que le dijeron al rey que no le hiciera saber nada que fuera mejor mantener en secreto. Heidrek dijo que entendía sus preocupaciones y que tendría en cuenta sus consejos.

El hijo del rey de Gardar había estado en la corte de Heidrek durante unos años cuando un mensajero fue a invitar a Heidrek a un banquete en Gardariki. Heidrek, por supuesto, aceptó muy agradecido. Fue a Gardariki, llevando consigo al hijo del rey y a Sifka. Cuando llegaron, el rey de Gardar les dio una gran bienvenida, y se celebró una gran fiesta.

El banquete duró muchos días, y uno de esos días, los hombres de la corte tomaron sus sabuesos y halcones y salieron a cazar. Durante la caza, los hombres se separaron en diferentes grupos. Algunos iban por aquí, otros por allá, y Heidrek y su hijo adoptivo pronto se encontraron solos cerca de una granja solitaria. Heidrek le dijo a su hijo adoptivo—Tengo una tarea para ti. Ve a esa granja y escóndete bien. Quédate allí hasta que mande a buscarte. —Heidrek se quitó un anillo de su dedo y se lo dio al chico—. Toma este anillo como pago. Ahora vete.

El chico dudó—. No creo que esto sea apropiado para mí—dijo—pero, ya que lo pides, iré.

Heidrek miró hasta ver al chico entrar en el granero sin ser descubierto. Luego regresó a la corte del rey, donde asumió una expresión de tristeza y rechazó la compañía.

Sifka vio el comportamiento de Heidrek y preguntó qué estaba mal—. ¿Ha pasado algo, milord?—dijo ella—. ¿Por qué tan triste cuando todos los demás aquí se están regocijando?

—No debo decírtelo—dijo Heidrek—porque si se supiera, seguramente el rey haría que me arrancaran la cabeza del cuerpo.

—Vamos—dijo Sifka—dime qué pasa. Sabes que te amo y que nunca te traicionaría.

Heidrek continuó rechazando su petición mientras Sifka lo acariciaba y besaba, pensando en persuadirlo para que confesara su secreto de esa manera. Finalmente, Heidrek cedió y dijo—: Te lo diré, pero no debes decir una palabra a nadie más. ¿Lo juras?

—Lo juro—dijo Sifka—. Ahora dime qué te preocupa.

—Mi hijo adoptivo y yo fuimos de caza con los hombres del rey. Nos encontramos solos en un huerto de manzanas. El día había sido largo, y el niño tenía hambre. Me pidió que le consiguiera una manzana de uno de los árboles, ya que no era lo suficientemente alto para alcanzar una por sí mismo. Sin pensarlo, saqué mi espada y corté una manzana para él, pero cuando fui a envainar la espada, me di cuenta de que no podía hacerlo. Entonces recordé el encantamiento de Tyrfing, que no puede ser envainada una vez desenvainada a menos que haya probado la sangre. Así que le corté la cabeza al chico con la espada y escondí el cuerpo. Por eso estoy inquieto, porque una vez que el rey se entere, seguramente hará que me maten.

Al día siguiente, el rey del Gardar organizó una fiesta de bienvenida en el gran salón. Todo el mundo se sentó a lo largo de las mesas y bebió toda la cerveza que deseaban. Sifka se sentó junto a la reina del Gardar. La reina se volvió hacia Sifka y le dijo—Tu Heidrek está ciertamente sombrío en estos días. Apenas ha tocado su cerveza. ¿Qué es lo que pasa? ¿Está enfermo?

Oh, no, milady—dijo Sifka—no está enfermo en absoluto. Está triste porque mató a su hijo y tiene miedo de lo que será de él.

Sifka le contó a la reina todo lo que había escuchado de Heidrek, y cuando su historia terminó, la reina se levantó de la mesa y salió corriendo de la sala, derramando muchas lágrimas de dolor. El rey vio a su reina irse, así que se dirigió a Sifka y le dijo—: Te vi conversando con mi señora reina. ¿Qué le dijiste para angustiarla tanto?

—Si le complace a milord—dijo Sifka—solo le dije lo que pasó entre el rey Heidrek y tu hijo en la cacería de ayer. Heidrek mató al niño; cuando la reina oyó la noticia, se afligió, y por eso huyó de la sala, llorando.

El rey de Gardar se enfadó mucho. Llamó a sus hombres para que capturaran a Heidrek—. ¡Tomen a ese hombre prisionero!—ordenó—. ¡Encadénenlo para que responda por sus crímenes!

Los hombres del rey se quedaron en un silencioso desconcierto. A todos les gustaba mucho Heidrek y no veían razón alguna para encadenarlo. Entonces dos hombres se pusieron de pie y dijeron— Haremos esto, milord. —y agarraron a Heidrek, lo ataron, y lo pusieron de pie ante el rey de Gardar. Estos dos hombres eran los que Heidrek había rescatado de sus ataduras hace muchos años.

Heidrek, mientras tanto, envió a uno de sus hombres a buscar al joven príncipe, mientras que el rey de Gardar convocó a su corte para escuchar los cargos contra Heidrek. El rey le dijo al pueblo lo que Sifka le había dicho, que Heidrek había matado a su hijo. Entonces el rey dijo—Por este acto sucio, Heidrek, ordeno que te cuelguen del cuello hasta que mueras, como el perro asesino que eres.

Justo cuando el rey pronunció su sentencia, el joven vino corriendo a la corte—. ¡Padre!—gritó—. ¡Por favor, no lo mates! Estoy vivo y bien, y el Rey Heidrek no ha hecho nada para dañarme. Ha sido el mejor de los padres adoptivos, y no tienes ninguna razón para hacerle daño.

Heidrek fue liberado de sus ataduras e inmediatamente se preparó para salir. La reina del Gardar vio que Heidrek todavía estaba muy enojado por lo que había pasado, así que fue al rey y le dijo—: Es vergonzoso permitir que Heidrek se vaya sin alguna recompensa. Ofrécele algo en compensación, y reconcíliate con él.

El rey estuvo de acuerdo en que el consejo de la reina era bueno, así que fue a Heidrek y le dijo—: Me gustaría que pudiéramos ser amigos de nuevo. Deseo recompensar la vergüenza que sufriste en mis manos. Tengo una gran reserva de oro y me gustaría desprenderme de cada moneda para reparar tu daño.

—Tengo suficiente oro—dijo Heidrek—. Guarda tu tesoro.

El rey se fue triste porque no pudo apaciguar a Heidrek. Cuando le dijo a la reina lo que había pasado, la reina dijo—Si no quiere tomar el oro, ofrécele tus mejores hombres y una parte de tu reino. Seguramente no podrá rechazar tal regalo.

El rey fue a Heidrek y le dijo—: Si no tomas mi oro, toma a mis mejores vasallos como tuyos y una parte tan grande de mi reino como quieras. Te doy todo de buena gana para reparar el daño que he causado.

Heidrek dijo—: Tengo suficientes hombres, y mi dominio ya es muy grande. No te quitaré nada de eso.

Una vez más, el rey se fue triste porque Heidrek no aceptó lo que se le ofreció. Le contó a la reina lo que había pasado, y ella dijo—: Si no toma ni oro, ni hombres, ni tierras, entonces dale tu más preciada posesión. Ofrécele la mano de tu hija.

—Esperaba que no fuera necesario, pero ahora veo la sabiduría en eso. Haré lo que tú sugieres.

El rey fue a Heidrek y le dijo—: Si no te llevas ningún tesoro, ni hombres, ni tierras, ¿entonces quizás consentirás en casarte con mi hija? No tengo nada más precioso, y me duele que nos separemos sin reconciliarnos.

Heidrek aceptó este regalo y así hizo las paces con el rey del Gardar.

Cuando Heidrek regresó a casa, decidió que necesitaba deshacerse de Sifka. La convocó y le dijo—Prepárate para salir. Vamos a hacer un viaje juntos.

Sifka hizo lo que le dijo. Se encontró con Heidrek en el patio, donde el mejor caballo de Heidrek estaba ensillado. Heidrek puso a Sifka sobre este animal, luego tomó las riendas y lo llevó lejos de su fortaleza. Caminaron durante un largo camino, hasta que el caballo finalmente se agotó tanto que se cayó y no se levantó. Heidrek dejó el caballo donde estaba y ordenó a Sifka que caminara. Continuaron hasta que llegaron a un río que era ancho y profundo. Sifka dijo— ¿Cómo voy a cruzar tal río? No tengo la fuerza para hacerlo.

Heidrek dijo—: Súbete a mis hombros y te llevaré al otro lado.

Sifka lo hizo, pero en el medio del arroyo, Heidrek la arrojó de sus hombros. Agarró su cuerpo y le rompió la columna vertebral, y luego la arrojó al río, donde ella flotó con la corriente, muerta. Entonces Heidrek regresó a casa y ordenó que se celebrara un gran banquete de bodas. Se casó con la hija del rey del Gardar. Juntos tuvieron una hija llamada Hervor. Fue criada en Inglaterra por el Conde Frodmar y se convirtió en una mujer guerrera, y era tan valiente como el guerrero más fuerte.

De Heidrek y el Concurso de Acertijos

Heidrek se había convertido en un señor muy rico y en el rey de un amplio reino. Todos los señores de las tierras de los alrededores lo respetaban, y muchos le pagaban tributo. Habiendo terminado sus días de conquista, Heidrek se puso a poner orden en su reino. Declaró que todas las disputas serían escuchadas por un grupo de doce jueces elegidos entre los hombres más sabios de la tierra, y que su palabra debería decidir los casos que se presentaran ante ellos. Heidrek también crio un jabalí especial que dedicó al dios Frey. El jabalí era casi tan grande como un buey adulto, y su pelaje estaba hecho del más suave y fino pelo que brillaba como el oro al sol.

Se hizo costumbre que todos los hombres de la corte de Heidrek se reunieran en un banquete en la víspera de la Navidad, y en este banquete, harían sus votos para el año siguiente. Pero en lugar de beber la copa de compromiso, ponían una mano en la cabeza del jabalí dorado y otra en su espalda y así hacían sus votos, jurando por el gran animal que tenían debajo de sus manos. Una noche de Navidad, los hombres se turnaron para jurar sobre el gran jabalí, y cuando llegó el turno de Heidrek, dijo—: Juro por el jabalí dorado de Frey: que cualquiera que se presente ante los doce jueces y haga que su caso vaya contra él, ese hombre recibirá su libertad si se presenta ante mí y me supera en un concurso de acertijos.

Sucedió que un hombre llamado Gestumblindi se enemistó con Heidrek, quien lo convocó para que respondiera ante los doce jueces. Gestumblindi sabía que el juicio iba a ir en su contra, así que ofreció muchos sacrificios a Odín, rezando para que fuera liberado de su destino. La noche antes del juicio, Gestumblindi se sentó a mirar el fuego, preocupado por lo que podría ocurrir en la mañana. Suspiró y se levantó de su silla, pensando que sería mejor que se fuera a dormir. Cuando se apartó del fuego, vio a un hombre de pie delante de él. El hombre estaba vestido con ropa de viajero y un sombrero de ala ancha. Tenía una poderosa lanza en una mano y un parche en un ojo.

Era nada menos que el propio Odín, que había escuchado la oración de Gestumblindi.

—Paz, Gestumblindi—dijo Odín—. No temas, porque he recibido tus sacrificios y he venido a ayudarte. Esto es lo que harás: Mañana no irás al juicio. Te quedarás aquí en casa. Escóndete y que nadie te vea, porque yo tomaré tu forma e iré en tu lugar, y todo estará bien. —entonces Odín desapareció, dejando a un tembloroso y agradecido Gestumblindi de pie en un salón vacío.

Por la mañana, Odín tomó la forma de Gestumblindi y fue al juicio. Los jueces escucharon la evidencia y decidieron en contra de Gestumblindi—. Has escuchado el juicio—dijo el rey—. ¿Aceptarás tu castigo, o te enfrentarás a mí en un concurso de acertijos?

—Sé que eres un hombre astuto y hábil—dijo Gestumblindi—. Temo que haga lo que haga, el fin será el mismo para mí.

—Sea como fuere—dijo el rey—aún debes decidir aquí y ahora qué camino tomarás.

—Muy bien—dijo Gestumblindi—. Jugaré a los acertijos contigo.

—Bien—dijo el rey—. Pregúntame un acertijo, y si no puedo responderlo, quedarás libre. Si respondo a todos tus acertijos, el castigo se mantiene.

—Aquí está mi primer acertijo—dijo Gestumblindi.

Dejé mi casa y me fui de viaje.

Viajé por un camino hecho de carreteras.

Había un camino sobre mí

Y un camino debajo de mí

Y caminos a cada lado de mí.

¿Cuál es la respuesta a mi enigma?

—Ah, esa es fácil—dijo el rey—. Cruzaste un puente, y había pájaros volando sobre ti y a tu lado. El puente pasaba sobre un río que tenía peces nadando en él. Cuéntame otro.

Gestumblindi dijo,

Ayer cuando me desperté, bebí un trago

que no era vino, ni tampoco cerveza,

y no bebí aguamiel ni comí comida,

y sin embargo, calmé mi sed.

¿Cuál es la respuesta a mi enigma?

—Este es bueno—dijo el rey—pero yo sé la respuesta. Te tumbaste en la hierba, y cuando te despertaste, lamiste el rocío que había caído. Cuéntame otro.

Gestumblindi dijo,

¿Quién es el que grita

mientras camina por caminos difíciles

que pisa una y otra vez?

Tiene dos bocas

y siempre se está besando,

y el camino que pisa está hecho de oro.

—Esto es obvio—dijo Heidrek—. Es el martillo usado por un orfebre, y sus chillidos son los sonidos que hace cuando golpea el yunque. ¿No tienes mejores acertijos?

Gestumblindi dijo,

Paso por encima del suelo

tragando el bosque y el campo a medida que avanzo;

Huyo ante ningún hombre

pero yo corro cuando sopla el viento,

y siempre lucho contra el sol.

—Eso es la niebla—dijo Heidrek—. Lo envuelve todo y borra el sol, pero el viento puede arrastrarlo. ¿Tienes otro acertijo?

Gestumblindi dijo,

Las doncellas somos nosotros,

corriendo todas juntas

mientras nuestro padre nos persigue.

Nuestro cabello es pálido

y nuestras capuchas son blancas,

y ningún hombre nos conocerá jamás.

—Yo conozco este—dijo Heidrek—. Esas son olas. Dime otro.

Gestumblindi dijo,

Tengo cuatro que cuelgan hacia abajo,

Cuatro tengo que pisar el suelo.

Para mostrar la salida tengo dos

y también, para mantener alejados a los perros.

Un asqueroso cuelga detrás de mí.

—¡Ja!—gritó Heidrek—. Eso es fácil. Es una vaca. ¿No tienes mejores acertijos?

Gestumblindi dijo,

Yo soy el que corre

con diez pies y tres ojos

y solo tengo una cola.

—Ese es Odín cuando cabalga sobre Sleipnir—dijo Heidrek—. Haz tu próximo acertijo más difícil.

—Este acertijo será el último, y solo conocerás la respuesta si eres realmente el más sabio de todos los reyes—dijo Gestumblindi—. Aquí está mi acertijo: ¿Qué le susurró Odín al oído a Baldur antes de encender su pira?

—¿Quién sino tú sabría la respuesta?—gritó Heidrek mientras desenvainaba su espada y le cortaba a Odín. Pero Odín se convirtió en un halcón y salió volando, y el golpe solo le cortó el extremo de las plumas de su cola. Es por eso que los halcones tienen hoy en día colas cortas.

Entonces Odín tomó su propia forma y dijo—Heidrek, has tratado de matarme sin causa justificada, y por esto declaro tu perdición: Morirás una muerte humilde, asesinado no en batalla por un guerrero sino en tu cama por un esclavo. —entonces Odín desapareció, dejando a Heidrek reflexionar sobre lo que había dicho.

Algunos años antes, Heidrek había hecho una incursión y había capturado nueve esclavos. Estos esclavos eran todos nobles, y se irritaban al ser esclavizados. Siempre buscaban formas de escapar y esperaban pacientemente hasta ver su oportunidad.

Esa oportunidad llegó cuando una noche el rey Heidrek fue a su habitación a dormir. Tenía pocos guardias, y la noche estaba sin luna y quieta. Los esclavos encontraron armas y se arrastraron hasta el salón del rey y luego por el corredor hasta donde el rey dormía. Mataron a los guardias y entraron en la cámara de Heidrek, donde lo durmieron en su cama. Así, pereció el rey Heidrek el Sabio.

Por la mañana, Angantyr, el hijo del rey, convocó un gran consejo donde anunció la muerte del rey Heidrek. Los nobles declararon que Angantyr debía ser el rey del reino, y Angantyr aceptó—. Sin embargo—dijo—los asesinos de mi padre siguen libres. No asumiré el trono hasta que los haya encontrado y haya vengado a mi padre.

Angantyr tenía una razón para encontrar a los esclavos aparte de la venganza, porque cuando los esclavos mataron al rey, también sacaron a Tyrfing de su cama y se la llevaron con ellos. Angantyr no debía ser privado de su derecho de nacimiento, así que fue a buscar a los esclavos para matarlos a todos y llevarse a Tyrfing de vuelta.

Una noche, Angantyr se encontró caminando por la desembocadura del río Grafa, donde vio a tres hombres en un bote, pescando. Mientras Angantyr miraba, uno de los hombres cogió un pez con su sedal y lo metió en la barca.

—Pásame el cuchillo del cebo, ¿quieres?—dijo el hombre que había pescado.

—Tendrás que esperar—dijo el otro—. Lo estoy usando en este momento.

En lugar de esperar, el primer hombre tomó una espada del fondo del barco. Sacó la espada y la usó para cortar la cabeza del pez. Entonces el hombre dijo,

Un lucio es quien pierde la cabeza

en pago por la muerte de Heidrek

aquí en la boca de Grafa

a los pies de las montañas Harvathi.

Cuando Angantyr escuchó esto, supo que los hombres eran tres de los esclavos fugados y que la espada era Tyrfing. Angantyr vio como los pescadores terminaban su trabajo y luego remaban de vuelta a la orilla. Esperó en el bosque hasta que cayó la noche, y luego buscó el lugar donde los esclavos habían acampado. Se metió en su campamento mientras dormían, luego bajó su tienda y los mató a todos. Luego tomó a Tyrfing y regresó a su fortaleza, habiendo vengado la muerte de su padre.

El siguiente episodio de la saga cuenta el conflicto entre Angantyr y su medio hermano, Hlöd. Hlöd va a Reidgotaland para exigir su parte de la herencia. Angantyr hace una generosa oferta, aunque le falta un reparto equitativo de las tierras y el tesoro de Heidrek. Gizur, el padre adoptivo de Hlöd y uno de los cortesanos de Angantyr, piensa que menos de la mitad de la parte es aún demasiado grande, considerando que la madre de Hlöd fue cautiva de guerra y sirvienta. Hlöd se siente muy insultado por esto. Vuelve a casa y le dice a su abuelo, Humli, el rey de los hunos, que Angantyr se negó a compartir la herencia en partes iguales. Humli reúne un gran ejército para desafiar a Angantyr en venganza por el insulto. La batalla se prolonga durante ocho días. El último día, Angantyr mata a Hlöd y a Humli, muy a su pesar, y los guerreros góticos derrotan al ejército húngaro.

La última parte de la saga es una concisa historia de los reyes de Suecia desde el nieto de Angantyr, Ivar el del largo brazo (aprox. 655-695), hasta Filip Halstensson (aprox. 1105-1118).

Selecciones de la Saga de Örvar-Oddr

Ya hemos conocido al héroe Örvar-Oddr en la saga del Rey Heidrek, donde acompaña a su amigo y hermano de sangre Hjalmar a una batalla para determinar si Hjalmar era apto para casarse con la hija del Rey Yngvi Además de las apariciones como invitado en otras sagas, Oddr es también el tema de una saga propia, que cuenta su nacimiento y su infancia, sus viajes a lugares lejanos como Irlanda y Permia (un área alrededor del río Kama en lo que hoy es Rusia), sus batallas con vikingos y gigantes, y de cómo se casa y se convierte en rey.

El nombre de Örvar-Oddr se traduce literalmente como "Punta de Flecha". (Otras versiones del nombre en fuentes modernas son Flecha-Odd y Orvar-Odds.) Su nombre de pila es Oddr ("Punto"), pero el resto del apodo lo añadió un gigante que vio unas flechas mágicas que Oddr tenía en su aljaba y lo apodó "Örvar-Oddr". A diferencia de muchos héroes antiguos, Oddr tiene dos padres humanos y un nacimiento relativamente normal, pero cuando crece, tiene la fuerza y la habilidad de un héroe y la extraña habilidad de su familia para hacer que el viento suba simplemente levantando una vela. *Oddr también es testarudo e irreverente, un embaucador en un momento y un temible guerrero en el siguiente.*

Como es propio de un héroe así, Oddr es objeto de una profecía sobre la forma de su muerte: Una serpiente venenosa que se esconde en el cráneo de un caballo llamado Faxi lo morderá. Oddr toma medidas para derrotar la profecía, pero ningún hombre puede desafiar al destino. Cuando Oddr regresa a Berurjod, donde fue acogido, pica el cráneo de un caballo que encuentra tirado en la playa, y como se predijo, una serpiente venenosa golpea desde abajo, y Oddr muere por el veneno de la serpiente.

La saga de Oddr es demasiado larga para presentarla en su totalidad en este libro, y por lo tanto solo unos pocos episodios selectos son contados aquí.

La infancia de Örvar-Oddr

Una vez hubo un hombre llamado Grim Hairy-Cheeks que vivía en Hrafnista en Noruega. Grim era el hijo de Ketil Trout, y era un hombre muy rico y muy respetado. La esposa de Grim era Lofthaena, la hija de Harald, jefe de Oslofjord. Lofthaena era muy hermosa y la mujer más inteligente de toda Noruega. Grim la amaba mucho y no podía soportar negarle lo que quisiera.

Un día, Grim decidió navegar a Oslofjord para atender algunos asuntos que tenía allí. Tenía la intención de ir sin su esposa en este viaje en particular porque estaba embarazada de su primer hijo, y no quería que nada la pusiera en peligro. Pero cuando Lofthaena escuchó que se iba a Oslofjord, ella exigió ir con él. Grim trató de disuadirla, pero Lofthaena insistió, y entonces Grim le permitió ir con él.

Grim equipó dos buenos barcos, y el día que debían partir, tenían un viento favorable. Habían navegado hasta Berurjod cuando Lofthaena gritó—. Esposo—dijo—debemos desembarcar de inmediato. Mis dolores están sobre mí.

Grim ordenó inmediatamente que su barco navegara hacia tierra. Desembarcaron cerca de la casa de un hombre llamado Ingjald, que vivía allí con su esposa y su joven hijo, que se llamaba Asmund. Grim envió mensajeros a la casa de Ingjald para pedirle ayuda, y cuando Ingjald escuchó el mensaje, enganchó sus caballos a un carro y fue él mismo a la playa para ver qué se podía hacer por Lofthaena y Grim.

—Por favor, vengan a mi casa—dijo Ingjald—. Estamos bien preparados para los invitados, y mi esposa y las otras mujeres de mi casa estarán más que felices de ayudar a la suya con su trabajo de parto.

Grim y Lofthaena aceptaron con gratitud la invitación de Ingjald. Fueron a la casa en su carro, y allí Lofthaena fue entregada al cuidado de la esposa de Ingjald, mientras que a Grim se le instaló en asiento alto en el salón de Ingjald para esperar el nacimiento de su hijo. Ingjald era el más amable de los anfitriones; sus invitados no tenían nada que hacer y eran tratados con gran honor.

Lofthaena pasó su parto a salvo. Su hijo era un niño vigoroso, y todas las mujeres de la casa dijeron que nunca habían visto un bebé más hermoso. Lofthaena sostuvo a su hijo y dijo—Llévenlo con su padre para que pueda obtener su nombre.

Las mujeres llevaron el bebé a Grim, que estaba encantado de ver a su nuevo hijo. Grim lo llamó Oddr y lo roció con agua.

Después de tres días en la casa de Ingjald, Lofthaena dijo que estaba lista para reanudar el viaje a Oslofjord. Grim fue a Ingjald para hacerle saber que se iban.

—Antes de que te vayas—dijo Ingjald— ¿no me honrarás con un regalo?

—Con toda seguridad lo haré—dijo Grim—. Mi esposa y yo estamos en deuda contigo por tu hospitalidad, y yo soy muy rico. ¿Cuánto de mi dinero te gustaría tener? Lo que pidas, será tuyo.

—No quiero dinero—dijo Ingjald—. Tengo mucho para mí.

—Está bien—dijo Grim—. Pídeme otra cosa, entonces.

—Dame a tu hijo en acogida—dijo Ingjald.

—Estoy dispuesto, pero primero tengo que preguntarle a la madre del niño lo que piensa—dijo Grim.

Cuando Grim preguntó a Lofthaena sobre permitir a Ingjald acoger a Oddr, Lofthaena dijo—Nuestro anfitrión nos honra con esa petición. Deja que Oddr se quede aquí como hijo adoptivo de Ingjald.

Ingjald vio a sus invitados bajar a su barco para su partida. El pequeño Oddr se quedó en la casa con la esposa de Ingjald. Había un viento favorable, así que Grim y Lofthaena navegaron rápido y seguro a Oslofjord, donde llevaron a cabo sus negocios. Cuando esto se completó, navegaron hacia su casa.

Cuando se acercaron a Berurjod, Grim le dijo a Lofthaena—¿Iremos a la casa de Ingjald para que puedas visitar a tu hijo?

Lofthaena respondió—: No hay necesidad. Lo vi antes de que nos fuéramos, y no creo que se arrepintiera de vernos marchar. Continuemos nuestro camino a casa.

Y así Grim y Lofthaena volvieron a Hrafnista, mientras que Oddr se quedó en casa de Ingjald y se crió con el hijo de Ingjald. Ingjald crió bien al hijo de Grim y Lofthaena. Incluso tenía un mejor concepto de Oddr que de su propio hijo.

Oddr era el más fuerte y más guapo de todos los chicos en kilómetros a la redonda. Aprendió a hacer deporte y a disparar con arco y flecha, aunque era un chico muy serio y no jugaba a los juegos como suelen jugar los niños. Tan pronto como Asmund y Oddr tuvieron la edad suficiente, se convirtieron en hermanos de sangre, y Asmund estaba con Oddr dondequiera que fuera.

A Oddr le gustaba mucho el tiro con arco. Coleccionaba flechas de todos los fabricantes de flechas que encontraba, pero no las guardaba adecuadamente. Las dejaba tiradas por todas partes para que la gente siempre tropezara con ellas en la oscuridad, o peor aún, se sentara en sus puntas por accidente. Esto sucedió tan a menudo que la gente comenzó a quejarse con Ingjald.

—Debes hacer algo con ese Oddr y sus flechas—decían—. La situación se ha vuelto bastante molesta, y además, es peligrosa.

Ingjald accedió a hablar con su hijo adoptivo sobre esto. Fue a Oddr y le dijo—: Si no tienes cuidado, vas a tener una muy mala reputación muy pronto.

—¿Por qué?—dijo Oddr.

—Dejas tus flechas esparcidas por todas partes. La gente se ha tropezado con ellas e incluso se ha sentado sobre ellas, y están tan cansados de esto que han empezado a quejarse de ello.

—Eso no es culpa mía—dijo Oddr—. Nunca has hecho una aljaba para que yo las ponga.

—Estaré encantado de darte una buena aljaba—dijo Ingjald—. Solo dime lo que quieres.

—Oh, no creo que estés contento con esto en absoluto—dijo Oddr.

—Te di mi palabra—dijo Ingjald—. Pide.

—Toma la cabra negra de tres años que está en tu rebaño. Mátala y despelléjala, pero deja los cuernos y las pezuñas pegadas. Hazme una aljaba de ese pellejo, y ten en cuenta que los cuernos y las pezuñas son parte de la aljaba.

Ingjald se aseguró de que la aljaba se hiciera exactamente como Oddr la había pedido. Oddr puso todas sus flechas en ella. Era una gran aljaba, más grande que cualquiera de los demás, y llena de flechas más largas y más fuertes que las flechas que cualquiera de los demás usaba. Cuando la aljaba estaba llena, Oddr hizo que le hicieran un arco que coincidiera con las flechas.

A Oddr le gustaba vestirse bien. Tenía una fina túnica roja que le gustaba llevar todos los días, y una cinta de oro que se ponía alrededor de la cabeza. Dondequiera que iba, llevaba su aljaba y su arco con él. Oddr tenía otra peculiaridad: no creía en los dioses y se negaba a ofrecer sacrificios—. Soy lo suficientemente fuerte para cuidarme a mí mismo—decía cuando la gente le preguntaba sobre esto—. No necesito la ayuda de un dios para hacer lo que hay que hacer.

Asmund se unió a Oddr en esta negativa, y en esto ambos eran diferentes a su padre adoptivo, que regularmente ofrecía sacrificios a Odín y a los otros dioses. Asmund también se unió a Oddr en su bote, y los dos podían ser vistos a menudo remando juntos por la costa.

La profecía

Una vez hubo una anciana sabia llamada Heid. Tenía el don de la visión y viajaba por todo el país diciendo a la gente cuál sería su destino. Un día, fue a visitar a uno de los vecinos de Ingjald, e Ingjald oyó que era una invitada allí.

Ingjald fue a Asmund y Oddr y dijo—Tengo algo que necesito que hagas por mí.

—¿Qué es eso?—preguntó Oddr.

—La vidente Heid está de visita no muy lejos de aquí—dijo Ingjald—. He preparado un festín para ella. Quiero que la invites aquí para que pueda contarles a todos su destino.

—Absolutamente no—dijo Oddr—. No quiero a esa vieja bruja cerca de mí. No te atrevas a tenerla en esta casa.

—Muy bien—dijo Ingjald—. Asmund puede hacer el recado solo tan bien como en tu compañía, y es más obediente, de todas formas.

—No envíes a Asmund solo tampoco—dijo Oddr—. Si esa bruja viene aquí, tendré que hacer algo para mostrarte lo disgustado que estoy.

Al final, Asmund fue solo a invitar a Heid a la casa de su padre. Heid aceptó con gusto y fue a la casa de Ingjald con los quince chicos y quince chicas que la atendieron en todos los lugares a los que iba. Cuando Heid llegó, Ingjald fue a buscarla a la puerta con todos los hombres de su casa. Ingjald invitó a Heid a entrar y se aseguró de que tuviera todo lo necesario para la adivinación, que iba a ser el día después de la fiesta. Heid y sus seguidores celebraron un buen festín con Ingjald y su casa, y cuando la comida terminó, Ingjald y su gente se acostaron mientras Heid y sus seguidores dejaban la casa para hacer los rituales necesarios para la adivinación.

Por la mañana, Ingjald fue a ver a Heid y le dijo— ¿Tus rituales fueron bien? ¿Estás lista para decirnos nuestro destino?

—Salieron bien—dijo Heid—. Estoy lista.

Ingjald reunió a su familia—. Siéntense todos. Subiremos de uno en uno para que Heid nos diga lo que nos espera en el futuro.

Como cabeza de familia, Ingjald fue el primero. Se paró frente a la vieja vidente, quien dijo—Me alegro de verte aquí, Ingjald. Tu destino es ser respetado y honrado por todos por el resto de tu vida.

Ingjald estaba muy contento con esto. Le dio las gracias a Heid y volvió a su asiento.

Asmund fue el siguiente en tomar su turno.

—Me alegro de verte aquí, Asmund. Tendrás una buena reputación en todas partes. No vivirás hasta una gran edad, pero todo el mundo sabrá lo valiente que eres y lo buen guerrero que eres.

Asmund agradeció a la vidente y volvió a su asiento. Cada persona de la casa se turnó para escuchar su destino de ella, y nadie se fue decepcionado. Después de que Heid hablara con cada uno de ellos, hizo algunas profecías sobre el invierno que vendría y sobre muchas otras cosas. Ingjald le agradeció cuando terminó.

—Ahora—dijo Heid— ¿estamos seguros de que he visto a todos en tu casa? No quiero dejar el trabajo sin terminar.

—Creo que sí—dijo Ingjald.

—¿Qué es eso de ahí en ese banco?—preguntó Heid.

Ingjald miró en esa dirección—. Oh, es solo una capa que alguien dejó.

—Es una extraña capa que se mueve cada vez que la miro—dijo Heid.

Tan pronto como Heid dijo esto, la persona bajo la capa se sentó. Era Oddr, quien estaba furioso porque Ingjald había invitado a la vidente en contra de sus deseos.

—Sí, esta capa se mueve, porque estoy aquí debajo de ella—dijo Oddr—. Y te diré lo que quiero de ti: Quiero que te calles y te vayas. No se te quiere aquí. No hay nada que puedas decirme sobre mi futuro, así que tienes que irte ahora mismo.

Oddr sostenía un palo, que le mostró a Heid—. ¿Ves este palo? Te golpearé con él si dices una palabra profética sobre mí.

—No me quedaré callada—dijo Heid—. Es mi deber decir el destino de todos los que vienen ante mí. Además, harías muy bien en escucharme. —entonces Heid dijo esta profecía:

No me asustas

Oddr, hijo adoptivo de Ingjald.

Tu palo no es más fuerte

que mi visión,

y siempre digo la verdad.

Corre y véte como puedas,

en la ola, en la orilla,

el destino siempre encuentra un hombre

sin importar a dónde vaya.

Atado estarás

a tu destino

para morir aquí en Berurjod.

Del cráneo de Faxi

la astuta serpiente atacará.

Colmillos venenosos

encontrarán tu talón,

diseminando la muerte a ti

después de haber vivido una larga vida.

Entonces la vidente dijo—: También tengo esto que decirte: Tu vida será muchas veces la de otros hombres. Trescientos años vagarás por el mundo, y dondequiera que vayas conquistarás. Pero no importará lo bien que luches o lo bien que todos te estimen; el cráneo del caballo Faxi será tu perdición, aquí mismo en Berurjod. No hay manera de que puedas escapar a tu destino.

—¡Cállate, bruja!—gritó Oddr—. ¡Te dije que no dijeras nada de mí!

Entonces Oddr golpeó a la vidente en la cara con su bastón, rompiéndole la nariz y cubriéndole la cara con sangre.

—No me quedaré aquí ni un momento más—dijo la vidente—. Coge mis pertenencias. Me voy a ir. Nunca me han tratado así en un lugar donde hice profecías.

—Por favor, no te vayas—dijo Ingjald—. Permíteme recompensarte. Tengo muchos regalos valiosos para darte si te quedas aquí por tres noches más.

—Los regalos aceptaré como compensación por mi lesión—dijo la vidente—pero no me quedaré ni un momento más.

Tan pronto como Ingjald le dio a la anciana los regalos que le había prometido, ella se fue de su casa y nunca volvió.

Cuando la vidente se fue, Oddr fue a Asmund y le dijo—: Ven conmigo. Tenemos un trabajo que hacer.

Oddr y Asmund fueron a los establos, donde encontraron el caballo llamado Faxi. Sujetaron al caballo y luego lo llevaron lejos de la casa y al bosque. Encontraron el lugar que Oddr buscaba, y allí ataron el caballo mientras los dos cavaban un pozo profundo. Cuando terminaron de cavar, el borde de la fosa estaba a muchos metros por encima de sus cabezas. Una vez que Oddr estuvo satisfecho de que la fosa era lo suficientemente profunda, mataron a Faxi y empujaron su cuerpo dentro de la fosa. Entonces Oddr y Asmund reunieron muchas piedras grandes y las empujaron al pozo encima del cuerpo del caballo. Sobre cada capa de piedras, vertieron una capa de arena para sellar las grietas entre las piedras, y no se detuvieron hasta que levantaron un gran montículo sobre la tumba del caballo.

Cuando el trabajo estuvo hecho, Oddr miró el montón de piedras y sonrió—. Vamos a ver si el cráneo de Faxi puede arreglárselas para salir de ahí—dijo—. Eso le enseñará a esa vieja bruja a hacer profecías sobre mí. No hay forma de que nada de lo que dijo se haga realidad.

Oddr y Asmund volvieron a la casa, donde fueron a hablar con Ingjald. Oddr le dijo a Ingjald—: Dame unos barcos.

—¿Para qué?—dijo Ingjald—. ¿Qué planeas hacer con ellos?

—Me voy—dijo Oddr—. Me voy y no volveré nunca más.

—Por favor no te vayas—dijo Ingjald—. No soporto verte partir.

—No puedes convencerme—dijo Oddr—. No me quedaré más tiempo.

—No puedes navegar un barco tú solo—dijo Ingjald—. ¿Quién irá contigo? ¿Dónde está tu tripulación?

—Asmund viene conmigo—dijo Oddr—. Podemos navegar muy bien por nosotros mismos.

—Es difícil para ti dejarme, Oddr, y llevarte a mi hijo contigo. Vete si debes hacerlo, pero deja que Asmund vuelva pronto.

—Oh, Asmund no volverá antes que yo—dijo Oddr—. Y además, esto es por invitar a esa horrible vieja bruja cuando te dije que no quería que lo hicieras.

Así que Ingjald le dio a Oddr y Asmund uno de sus barcos, y cuando se prepararon para el viaje, bajó a la playa para despedirlos.

—Buena suerte—dijo Ingjald—. Buena suerte y un viaje seguro. Tal vez algún día los vuelva a ver a ambos.

Cuando Oddr y Asmund se despidieron de Ingjald, empujaron su barco hacia las olas y se alejaron remando. Ingjald los miró hasta que se alejaron remando, y luego volvió a su casa.

Örvar-Oddr en la tierra de los gigantes

Un día, Oddr viajaba por ahí y llegó a un escarpado acantilado que daba a un barranco. En el barranco había un río que rugía con los rápidos de una cascada. Oddr necesitaba llegar al otro lado del barranco, pero no podía ver el camino para cruzar. Decidió descansar para pensar en qué hacer a continuación. Apenas se sentó cuando algo muy grande y muy fuerte lo agarró por los hombros y lo levantó del suelo. Un buitre gigante había bajado en picado y agarrado a Oddr en sus garras, y ahora se iba volando con él.

El buitre voló muy lejos. Navegó sobre el barranco y sobre las tierras de más allá. Siguió navegando a través del mar hasta que llegó a una isla que se elevaba del mar en acantilados escarpados. En una plataforma de roca en la ladera del acantilado estaba el nido del buitre, y en el nido había varios pichones hambrientos. El buitre dejó caer a Oddr en el nido entre los pichones, pero Oddr permaneció ileso porque llevaba puesta su camisa mágica que le protegía de todas las heridas.

Oddr estaba en una situación aún peor que la que tenía al borde del acantilado, porque aquí los acantilados eran absolutamente escarpados tanto por encima como por debajo, y no había manera de que saliera de su aprieto. Miró por encima del borde del nido y vio el mar agitándose debajo. Por un momento, pensó en saltar del nido al agua, pero luego lo pensó mejor porque el agua estaba muy lejos, y no tenía idea de en qué dirección debía nadar para llegar a tierra o incluso cuán lejos podría estar la tierra. Oddr decidió que por el momento se escondería en una grieta cerca del nido y esperaría la oportunidad de escapar.

Cada día, el buitre volaba lejos del nido y regresaba con algún tipo de carne en sus garras con la que alimentar a sus crías. Traía todo tipo de animales y peces, y a veces incluso restos humanos, que los polluelos engullían con avidez. A veces el buitre traía carne cocida, que Oddr les arrebataba y se la comía.

Un día, justo después de que el buitre dejara varios bueyes grandes y asados para que sus polluelos comieran, Oddr vio un bote remando hasta el borde del acantilado. En el bote había un gigante. El gigante miró hacia el lugar donde estaba el nido del buitre y dijo—: Ahí está. Ese es el nido de ese pájaro asqueroso que sigue robándome la cena. Tenía la intención de darme un buen festín con los bueyes del rey, no de dar un festín a otros. Ahora solo tengo que averiguar cómo librarme de esta plaga.

Cuando Oddr oyó al gigante, salió de su escondite, mató a todos los polluelos y se puso de pie. Le gritó al gigante—: Todas tus cosas están aquí arriba. Las he estado guardando para ti. —luego volvió a la grieta para ver qué pasaría.

El gigante subió por el costado del acantilado, tomó los bueyes asados del nido y los llevó a su barco. Luego subió de nuevo al nido y dijo—: ¡Oye, hombrecito! ¿Dónde estás? Sal y habla conmigo. No tengas miedo, te sacaré de este lugar.

Oddr salió de la grieta. El gigante lo recogió y luego bajó por el acantilado y puso a Oddr en su bote.

El gigante le dijo a Oddr—: Así que, amiguito, ¿cómo crees que debería librarme de esa plaga?

—Prender fuego al nido—dijo Oddr—. Cuando el buitre regrese y vuele cerca para ver qué pasa, sus plumas se incendiarán. Eso debilitará al bruto, y entonces podremos matarlo.

Y así Oddr y el gigante pusieron ese plan en acción. No pasó mucho tiempo para que el nido empezara a arder, y pronto el buitre regresó, tal como Oddr esperaba que lo hiciera. Voló demasiado cerca de las llamas, encendiendo sus plumas. Entonces Oddr se abalanzó y mató al buitre. Cuando la criatura murió, Oddr le cortó el pico y las garras. Se las dio al gigante, y luego el gigante llevó a Oddr de vuelta a su barco.

Mientras el gigante se alejaba del acantilado, Oddr dijo—: ¿Cómo te llamas?

—Me llamo Hildir—dijo el gigante—. Vivo en la tierra de los gigantes. Mi esposa se llama Hildirid, y tenemos una hija llamada Hildigunn. Ayer mismo, mi esposa dio a luz a un buen hijo, y lo hemos llamado Godmund. Tengo dos hermanos, llamados Ulf e Ylfing. Nos estamos preparando para tener un concurso entre nosotros para ver quién de nosotros debería ser el rey de los gigantes.

—¿Cómo se decidirá el concurso?—preguntó Oddr.

—Bueno, el que haya hecho la acción más heroica y cuyo perro gane la pelea de perros en la Asamblea de Gigantes será nombrado rey.

—¿Quién de ustedes crees que ganará?—preguntó Oddr.

—No seré yo, te lo aseguro—dijo Hildir—. Siempre he vivido a la sombra de mis hermanos, y no espero que eso cambie pronto.

—Si pudieras ganar, ¿querrías ser el rey?—preguntó Oddr.

—Sí, claro, me encantaría ser rey—dijo Hildir—pero no hay forma de que eso suceda. Ulf está seguro de que su lobo mascota ganará en la pelea de perros, y nunca ha perdido una pelea todavía; es así de fuerte y así de salvaje. Ulf también se fue de viaje a una tierra lejana y trajo de vuelta la cabeza de una gran cosa parecida a un gato, con pelo naranja y rayas negras. Dice que se llama tigre, y que es muy feroz.

—Ulf suena como un duro competidor—dijo Oddr.

—Oh, Ulf no es nada para Ylfing—dijo el gigante—. El oso polar de Ylfing hará picadillo cualquier cosa que alguien meta a la pelea de perros, e Ylfing mató un unicornio el otro día y trajo su cabeza como prueba. Yo no he hecho nada tan heroico. De hecho, ni siquiera tengo un perro.

—Sí, esas parecen probabilidades muy difíciles—dijo Oddr—pero tal vez si un amigo te ayudara, podrías encontrar una manera de evitar el problema.

El gigante se rió—. Oh, eres gracioso, lo eres, aunque no se puede negar que tienes un buen cerebro en esa pequeña cabeza tuya. Creo que te daré como regalo a Hildigunn. Serás un buen juguete para ella, y podrá cuidar de ti y del bebé Godmund al mismo tiempo.

Al gigante le llevó poco tiempo remar su bote de regreso a su casa. Cuando llegaron, Hildir le mostró a Oddr a su hija y le dijo—: Este hombrecito es tuyo para que juegues con él. Pero ten en cuenta que debes tratarlo bien. Trátalo tan bien como a tu hermanito.

Oddr miró a Hildigunn. Ella estaba lejos de ser adulta, pero Oddr solo le llegaba hasta justo por encima de su rodilla, a pesar de que era un hombre muy alto, y el padre de Hildigunn lo alzó sobre ella. Hildigunn recogió a Oddr y comenzó a ponerlo en su rodilla. Ella cantó:

Pequeño hombrecito con la barbilla hacia abajo,
el bebé Godmund ya es más grande que tú.

Entonces Hildigunn tomó a Oddr y lo acostó en la cuna junto al bebé Godmund, y Oddr vio que era más pequeño incluso que el bebé gigante. Por un rato, Hildigunn meció la cuna y cantó canciones de cuna a Oddr y al bebé, pero finalmente decidió que Oddr no debía dormir con Godmund sino con ella, así que cogió a Oddr y lo colocó en su cama, donde lo abrazó y besó toda la noche. Oddr decidió que la mejor estrategia sería seguirle la corriente a la chica gigante y esperar su oportunidad de escapar.

Después de unos días de jugar cualquier juego que Hildigunn le pidió, Oddr dijo—: Sé que te parezco muy pequeño y que piensas en mí como un niño, pero entre mi propia gente, soy un hombre adulto y soy considerado particularmente grande y fuerte. De hecho, mi gente es mucho más grande y fuerte que la de los demás que viven cerca de nosotros, y nosotros también somos más guapos. Pero a pesar de todo eso, no somos más inteligentes que los demás.

El gigante había rescatado a Oddr hacia el final del verano, y así Oddr se quedó ese invierno con la familia gigante. Cuando llegó la primavera, Oddr fue a Hildir y le dijo—: Sé que tu asamblea se acerca pronto. ¿Qué me darías si te encontrara un perro que pudiera superar a todos los demás en la pelea de allí?

—Si alguien me diera un perro que ganara esa pelea, le daría a esa persona casi todo lo que pidiera. ¿Sabe dónde podría encontrar un perro así?

—Claro que sí—dijo Oddr—. ¿Sabes dónde están las islas Vargey?

—Sí, las conozco, aunque nunca he estado allí—dijo Hildir.

—Bueno, en esas islas, hay una gran criatura llamada el oso pardo. En invierno, se cava una madriguera y duerme y duerme hasta la primavera. Cuando llega la primavera, sale de su madriguera y va en busca de comida porque está bastante hambriento después de no haber comido durante tanto tiempo, y porque tiene tanta hambre, también es muy feroz y mata y come todo lo que se cruza en su camino. No le teme a la gente en absoluto; los osos como ese que viven cerca de las granjas irán directamente a los corrales de ganado, tomarán un ternero y luego huirán con él para comerlo en el bosque. Y si el granjero se atreve a interponerse en el camino del oso, bueno, el oso piensa que el granjero fresco hace una comida tan buena como el ternero fresco. Creo que, si pudieras encontrar uno de estos osos, probablemente les daría una paliza a los perros de tus hermanos.

Hildir dijo—: Tu historia me intriga. Mañana quiero que me ayudes a atrapar a uno de estos osos, y si me convierto en rey, te recompensaré tan generosamente como pueda.

Por la mañana, mientras Hildir y Oddr cargaban el barco del gigante con provisiones para su viaje, Hildigunn bajó a la playa y pidió a Oddr que se hiciera a un lado y hablara con ella.

—¿Volverás aquí cuando tus asuntos hayan terminado?—preguntó.

—No lo sé—dijo Oddr—. Pero creo que es poco probable.

—Oh, querido—dijo Hildigunn—. Deseo tanto que vuelvas. Te quiero mucho, a pesar de tu pequeña estatura. Además, deberías saber que estoy esperando un hijo. No hay nadie más que tú que pueda ser el padre, aunque seas tan pequeño que uno pensaría que es imposible. Pero como te quiero tanto, te dejaré ir a donde quieras si eso es lo que quieres, pero debes saber que, si quisiera retenerte aquí a la fuerza, seguramente podría hacerlo. En cambio, solo lloraré tu partida, porque es más importante que seas feliz que quedarte aquí conmigo, y me parece que no quieres quedarte. Ahora dime, cuando nazca el niño, ¿qué haré con él?

—Si el niño es varón—dijo Oddr—que se quede contigo hasta que tenga diez años y luego envíemelo para que lo eduque en las costumbres de los hombres. Pero si el bebé es una niña, mantenla siempre contigo y críala tú misma. Sé que lo harás muy bien, porque yo no tengo ni idea de cómo criar a una niña.

Entonces Hildigunn se despidió de Oddr y entró en la casa, llorando amargamente. Oddr se subió al bote y el gigante los alejó de la orilla.

El gigante era muy fuerte y un muy buen remero, pero incluso con mar en calma, no estaban haciendo un progreso muy rápido. Oddr decidió entonces que usaría la suerte de los hombres de Hrafnista para que su viaje fuera más rápido. Levantó una vela, e inmediatamente un viento favorable sopló. El barco saltó a través del agua, yendo el doble de rápido de lo que había ido con el gigante remando.

El viento levantó grandes olas que inclinaron el barco hacia arriba y hacia abajo. Hildir miró las olas, y luego miró hacia la orilla, donde parecía que la tierra saltaba por sí sola, lo que asustó mucho a Hildir. Aferrándose a la borda, fue a donde estaba Oddr, lo recogió, y luego lo empujó a la cubierta, inmovilizándolo allí.

—No sé cómo lo haces—rugió el gigante—pero sea cual sea la brujería que hace que la tierra salte, detente de inmediato, o te mataré y tiraré tu cadáver por la borda para que lo coman los peces.

—¿Qué, nunca has navegado antes?—dijo Oddr—. Esto no es brujería; solo es navegar. Si me dejas pararme, te lo puedo mostrar.

Hildir dejó que Oddr se levantara. Oddr bajó la vela, e inmediatamente todo se calmó.

—¿Ves?—dijo Oddr—. Ahora que no navegamos con el viento, todo está en calma. Si navegamos, llegaremos más rápido a nuestro destino, pero habrá olas, y parecerá que la tierra está saltando. No hay que preocuparse, sin embargo; así es como se ven las cosas cuando se navega. ¿Podemos intentarlo de nuevo? Siempre podemos parar si te asusta o si necesitas un descanso.

Hildir accedió a dejar que Oddr izara la vela de nuevo ahora que entendía lo que estaba pasando. También había visto lo rápido que viajaban cuando la vela estaba izada, y estaba ansioso por llegar a las islas para atrapar un oso. Una vez que la vela estaba izada de nuevo, Hildir se sentó tranquilamente cerca de la proa del barco y dejó que Oddr hiciera todo el trabajo, y en poco tiempo habían llegado a la isla donde iban a buscar un oso.

No muy lejos de la playa había una montaña. En la base de la montaña había un gran montón de piedras. Oddr dijo—: Apuesto a que hay un oso allí debajo de ese pedregal. Les gusta hacer sus madrigueras en esos lugares. Tal vez podrías meter la mano ahí para ver qué encuentras.

—Es una buena idea—dijo Hildir, quien empujó su gran mano en las piedras y comenzó a sentir sobre ellas. Cuando hubo empujado todo su brazo hasta el hombro, se detuvo y dijo—: Creo que hay algo aquí que podría ser un oso. Aunque me voy a poner un guante antes de intentar agarrarlo.

Hildir se puso el guante y hundió su brazo en el pedregal. Cuando sacó el brazo, estaba tirando de un oso por las orejas. El oso estaba muy enfadado por haber sido sacado de su madriguera antes de tiempo. Arañó y mordió, y pronto las manos de Hildir se cubrieron de cortes.

—Tenías razón sobre lo feroz que es esta bestia—dijo Hildir—. ¿Qué hago ahora?

—Lleva el oso a casa y ponlo en un lugar seguro dentro de tu casa donde nadie pueda verlo y donde no pueda salir. No le des nada de comer hasta después de la pelea de perros. Cuando sea el momento de la asamblea, enfrenta a tu oso con los perros de tus hermanos. Si tu oso no gana, entonces reúnete conmigo aquí en la misma época el año que viene para que pueda darte algo más para probar.

—Me gustaría que nos reuniéramos aquí en este mismo lugar el año que viene, pase lo que pase en la asamblea—dijo el gigante.

—Muy bien—dijo Oddr—. Estaré aquí.

Luego Hildir y Oddr se despidieron. Hildir se fue a casa en su bote con el oso, y Oddr siguió su propio camino.

Como había prometido, Oddr volvió a ese lugar la primavera siguiente. Se adentró un poco en el bosque cercano, pensando que Hildir podría querer matarlo si el oso no ganaba el concurso como Oddr dijo que lo haría. Oddr no tuvo que esperar mucho tiempo antes de que Hildir llevara su bote a la playa. El gigante tomó dos cofres y un gran caldero lleno de plata del barco y los dejó en el lugar donde había prometido encontrarse con Oddr. Hildir esperó un rato, pero Oddr no apareció. Hildir esperó un poco más, luego suspiró y dijo—: Oddr, ojalá estuvieras aquí para recibir tu recompensa. No es muy cortés que no me encuentres aquí cuando dijiste que lo harías. Pero no puedo quedarme más tiempo. No puedo dejar mi reino sin vigilancia. Aquí hay dos cofres llenos de oro y un caldero lleno de plata. Pondré esta gran piedra encima de ellos para que el viento no se los lleve, y pondré otros tesoros aquí encima de la piedra.

—Tal vez estés esperando cerca y no quieras mostrarte, así que en caso de que puedas oírme: Mi perro venció a todos los demás en la asamblea, y cuando la gente vio el pico y las garras de ese asqueroso buitre que matamos el año pasado, decidieron que yo era el más valiente de todos mis hermanos. Me han hecho rey, y tengo que agradecértelo a ti. Si alguna vez decides venir a visitarme, te trataré como a un invitado de honor. Y también me gustaría hacerte saber que Hildigunn tuvo su bebé. Es un buen chico, y lo hemos llamado

Vignir. Hildigunn dice que tú eres el padre, pero lo criaré como si fuera mío. Le enseñaré todas las cosas que un niño debe saber, y cuando tenga diez años, te lo enviaremos a ti, como Hildigunn prometió que haría.

Entonces el gigante volvió a su bote y se fue remando. Oddr salió de su escondite y vio que el gigante había puesto una espada, un casco y un escudo sobre la piedra. Oddr sacó esas cosas de la gran losa y luego trató de empujar la piedra a un lado, pero era tan pesada que incluso con muchos hombres fuertes para ayudarle, no sería capaz de levantarla. Así que Oddr tomó las armas que el gigante había dejado y se sintió muy bien recompensado, ya que todos estos eran tesoros muy valiosos.

Los viajes a Vinlandia

La historia del intento de asentamiento vikingo en lo que hoy es el este de Canadá fue objeto de mucha controversia durante mucho tiempo. Muchos estudiosos dudaron de su veracidad histórica, pero en 1960, la arqueóloga noruega Anne Stine Ingstad y su esposo Helge descubrieron los restos de lo que parecía ser un asentamiento vikingo en L'Anse aux Meadows, en la gran isla del golfo de San Lorenzo en Terranova. En este sitio, que aparentemente estaba en uso alrededor de 990-1050 d.C, Ingstad encontró los restos de varias casas, artículos domésticos cotidianos, los restos de un telar, una herrería y remaches como los que usaban los vikingos para construir sus barcos. Aunque es poco probable que este asentamiento en particular sea el llamado "casas de Leif" en la saga, proporciona una prueba irrefutable de la presencia nórdica en América del Norte a finales del siglo XI. No solo eso, sino que excavaciones arqueológicas más recientes, como la que se realizó en la isla de Baffin en la provincia canadiense de Nunavut, que comenzó en 2001, han seguido aportando pruebas de otros asentamientos vikingos.

Las Sagas de Vinlandia es el título colectivo dado a la Saga de Eirik el Rojo y a la Saga de los Groenlandeses, cada una de las cuales contiene una versión de las estancias nórdicas en el noreste del Canadá. Aunque ahora se acepta en general que los exploradores nórdicos hicieron asentamientos relativamente efímeros en América del Norte, sería un error tomar estos textos nórdicos del siglo XIII como documentos históricos reales, entre otras cosas porque contienen elementos que sugieren cierto romanticismo de este nuevo lugar que los nórdicos llamaron "Vinlandia", supuestamente nombrado por el gran número de uvas silvestres que crecían allí. Uno de esos elementos románticos se refiere a la dureza de los inviernos. Las sagas informan de que los inviernos en el asentamiento de Vinlandia fueron relativamente suaves, sin mucha nieve ni temperaturas heladas, pero cualquiera que sepa algo sobre el clima del noreste de Canadá entenderá que esto es más un producto de las ilusiones (o quizás un elemento de propaganda) que una descripción de las condiciones invernales reales en esa parte del mundo.

A pesar de su ficción de acontecimientos históricos, las Sagas de Vinlandia *siguen siendo documentos vitales en la historia tanto de Europa como de América. En estas sagas leemos sobre los primeros intentos de asentamientos europeos en América del Norte y los primeros contactos entre europeos e indígenas americanos, y sobre el coraje y el ingenio del pueblo nórdico que realizó viajes al oeste para explorar una nueva tierra.*

De Bjarni Herjolfsson

Una vez hubo un hombre llamado Bjarni Herjolfsson que era un comerciante muy respetado con su propio barco. Los padres de Bjarni vivían en Islandia. A veces Bjarni pasaba sus inviernos con ellos, mientras que otras veces los pasaba en Noruega. Bjarni era un hombre aventurero, muy dispuesto a arriesgarse para encontrar nuevas tierras.

Un verano, el padre de Bjarni, Herjolf, decidió dejar Islandia y unirse al nuevo asentamiento de Eirik el Rojo en Groenlandia. Herjolf vendió su granja, luego puso a su familia, esclavos y posesiones en barcos y se embarcó hacia Groenlandia, donde comenzó una nueva granja en un lugar que llamó Herjolfsness. Al igual que en Islandia, Herjolf era un hombre muy respetado y acomodado en Groenlandia también.

Herjolf se mudó a Groenlandia mientras Bjarni estaba de viaje. Cuando Bjarni llegó al puerto de Islandia, fue a la granja de su padre para visitar a sus padres, pero encontró la granja abandonada. Alarmado, Bjarni corrió a la casa de un vecino y preguntó qué había sido de su familia—. Oh, se mudaron a Groenlandia, lo hicieron—dijo el vecino—. Se unieron al viejo Eirik en su nueva colonia.

Bjarni se alegró de comprobar que nada terrible le había sucedido a su familia en su ausencia, pero ahora tenía que decidir si pasaría el invierno en Islandia o se iría a otro lugar. Mientras caminaba de regreso al puerto, decidió que iría a buscar a su familia e invernar con ellos, como había sido su costumbre en ocasiones. Bjarni llegó de vuelta al barco, donde sus hombres habían empezado a descargar su carga.

Bjarni dijo—: Dejen de descargar. Tenemos que discutir lo que vamos a hacer. Mi padre se ha mudado a Groenlandia, así que me gustaría ir allí a comerciar con nuestras mercancías y pasar el invierno. ¿Quién vendrá conmigo?

Todos los marineros estuvieron de acuerdo en que irían con Bjarni, aunque ninguno de ellos había navegado antes a Groenlandia y solo sabían en qué dirección navegar, pero no exactamente dónde estaba Groenlandia.

Tan pronto como la marea cambió, Bjarni y sus hombres navegaron lejos de Islandia con un viento bueno y suave. Navegaron durante tres días con este viento, y al final del tercer día, estaban en el océano abierto sin tierra a la vista. Fue entonces cuando su fortuna cambió. El viento que los había llevado tan lejos se desplazó hacia el norte, y una espesa niebla descendió a su alrededor. Bajaron sus velas para esperar a que la niebla se disipara, sin querer perder su camino en un momento en que los vientos estaban en su contra y no podían ver nada más que el trozo de mar en el que su barco se balanceaba.

Finalmente, la niebla se despejó y los hombres pudieron orientarse. El viento era justo una vez más, así que izaron la vela y continuaron su viaje. Después de otro día de navegación, vieron tierra.

—¿Esto es Groenlandia?—preguntó uno de los marineros.

—No estoy seguro—dijo Bjarni—pero no creo que lo sea. No sé dónde estamos.

—¿Qué haremos ahora?—preguntó otro marinero.

—Naveguemos más cerca de esa tierra y veamos qué clase de lugar es. Quizás me equivoque y es Groenlandia en realidad.

Cuando el barco se acercó a la costa, Bjarni vio que estaban en una tierra extraña que ni él ni sus hombres habían visto antes. Bjarni había escuchado a la gente hablar de Groenlandia, que tenía muchas montañas, acantilados y glaciares, pero esta nueva tierra no era nada de eso. La tierra estaba cubierta de espesos bosques que cubrían las suaves colinas onduladas, y no había hielo en ningún lugar. El barco de Bjarni se había acercado bastante a tierra cuando el viento falló.

—Yo digo que pongamos aquí y tomemos leña y agua—dijo un marinero—. No sabemos dónde estamos y quién sabe cuándo tendremos esa oportunidad.

—No—dijo Bjarni—. Seguimos navegando. Tenemos madera y agua en abundancia. Navegaremos cerca de esta costa, y si es necesario, podemos varar el barco más adelante.

—Esto es una locura—dijo uno de los marineros—. Terminaremos en medio del océano sin nada que beber.

—Sí—dijo otro—. Deberíamos dejarlo aquí. No nos llevará mucho tiempo, y nos alegraremos de haberlo hecho más tarde.

Los otros marineros estuvieron de acuerdo en que este era el mejor plan, pero Bjarni los rechazó, y así siguieron navegando a lo largo de esta extraña y nueva costa. Después de un tiempo, llegaron a un nuevo lugar que era montañoso y estaba cubierto de glaciares.

—¿Esto es Groenlandia?—preguntó uno de los marineros.

—No lo creo—dijo Bjarni—. Por lo que he escuchado, Groenlandia es un lugar mucho más hospitalario que este. Sigamos navegando.

Y así navegaron, abrazando esta nueva costa, y pronto descubrieron que este lugar era una pequeña isla y no Groenlandia. Cambiaron su curso para dejar la isla atrás, partiendo en la dirección que creían mejor y con un buen viento.

Hacia el final del día, las nubes entraron y una gran tormenta comenzó a soplar a su alrededor—. ¡Aseguren la vela!—dijo Bjarni—. ¡Revisen que la carga esté segura! ¡Correremos antes de la tormenta, pero no permitiré que perdamos nuestra vela y nuestros aparejos!

Fue un momento difícil y peligroso. El pequeño barco fue arrojado sobre las olas, y la vela y los aparejos se tensaron bajo la fuerza del viento. Durante cuatro días la tormenta sopló, pero cuando finalmente se despejó, Bjarni y sus hombres vieron tierra en el horizonte.

—¿Esto es Groenlandia?—preguntaron los marineros.

—Creo que puede serlo—dijo Bjarni—pero tendremos que navegar más cerca.

Siguieron navegando, y cuando estuvieron lo suficientemente cerca como para ver las características de la tierra, Bjarni dijo—: Sí, creo que esto es Groenlandia. Este es el tipo de lugar del que otros me han hablado. Vamos a varar el barco aquí. Al menos, necesitamos descansar y tomar agua y otros suministros antes de ir más lejos.

Cuando el barco se acercó a la orilla, vieron que otro barco ya estaba varado allí antes que ellos—. Esta es una buena señal—dijo Bjarni—. Por lo menos, hemos llegado a un lugar donde otros hacen sus casas. Ellos podrán decirnos dónde estamos.

Vararon en el barco, y entonces Bjarni dijo—: Voy a ir en busca de quienquiera que viva aquí. Dos de ustedes vendrán conmigo, y el resto se quedarán aquí y se ocuparán de las reparaciones.

Bjarni y sus compañeros caminaron hacia el interior, y pronto llegaron a una próspera granja. Llamaron a la puerta de la granja, y quién respondió sino el propio padre de Bjarni.

—¡Bjarni! ¡Bienvenido, hijo mío, y bienvenidos tus amigos!—dijo el padre de Bjarni—. No habíamos pensado en verte hasta dentro de un año por lo menos. Entra, entra, y dinos a mí y a tu madre cómo te ha ido.

Bjarni estaba encantado de haber llegado a Groenlandia por fin, y estaba aún más encantado de que los primeros groenlandeses que conoció fueran su propia familia. Bjarni y sus hombres tomaron un refrigerio y hablaron un rato con los padres de Bjarni, pero no se quedaron mucho tiempo.

—Necesito volver a mi barco para que mis hombres sepan que hemos llegado a un puerto seguro y que podemos empezar a comerciar—dijo Bjarni—. Volveré en cuanto termine mi negocio y pasaré el invierno aquí con ustedes, si puedo.

La familia de Bjarni dijo que era más que bienvenido, y se ofrecieron a encontrar alojamiento para sus hombres también. Bjarni y sus amigos volvieron a su barco con buen ánimo, y cuando todo su cargamento fue vendido y las ganancias divididas equitativamente, se fueron por sus propios medios a los lugares donde iban a pasar el invierno.

Cuando llegó la primavera, el padre de Bjarni dijo—Entonces, hijo mío, ¿te vas a ir al mar otra vez? ¿Qué planeas hacer a continuación?

—Estoy harto de viajar—dijo Bjarni—. Me gustaría quedarme aquí y ayudarte con la granja, si eso te conviene a ti y a mamá.

—¡Por supuesto!—dijo el padre de Bjarni—. Eres más que bienvenido aquí. Estamos muy contentos de que hayas venido a casa con nosotros.

Y así fue como Bjarni dejó su vida de viajes y se quedó en la granja de su padre. Bjarni se hizo cargo de la granja cuando Herjolf murió, pero nunca olvidó las nuevas tierras que había visto surgir del mar, lejos de las costas de Groenlandia.

De Leif Eiriksson

Una vez que terminó sus viajes comerciales, Bjarni Herjolfsson navegó a Noruega para visitar al conde Eirik Hakonarson. El conde estaba encantado de tener a Bjarni como invitado, y escuchó con gran interés el relato de Bjarni sobre su aventura al oeste de Groenlandia, pero como Bjarni no podía dar una mayor descripción de la tierra que había encontrado, mucha gente pensó que le había faltado tanto coraje como curiosidad y pensó menos de él por eso. Por su parte, el conde pensó que Bjarni lo había hecho bien, e hizo de Bjarni un mozo de su corte. Bjarni pasó el invierno en Noruega con el conde Eirik y luego regresó a Groenlandia en el verano.

La noticia de la aventura de Bjarni se difundió rápidamente. Mucha gente se preguntaba si sería posible encontrar esas tierras de nuevo y tal vez incluso hacer un nuevo asentamiento allí. Leif, el hijo de Eirik el Rojo, escuchó la historia de Bjarni y decidió que probaría su propia suerte en la búsqueda de ese lugar para ver si podría ser adecuado para establecerse.

Leif fue a Herjolfsness a visitar a Bjarni—. Me gustaría comprar tu barco—dijo Leif—. Y quiero oír todo sobre tu aventura. Estoy reuniendo hombres y provisiones para un viaje a ese lugar, y me ayudará si me dices todo lo que sabes.

Bjarni aceptó fácilmente vender su barco y decirle a Leif todo lo que podía sobre su viaje. Cuando ese negocio se llevó a cabo, Leif envió un mensaje diciendo que estaba buscando una tripulación para esta aventura. Contrató a treinta y cinco hombres para que navegaran con él.

Cuando todo estuvo listo, Leif fue a su padre y le dijo—: Estoy listo para partir a esa nueva tierra que Bjarni encontró. ¿Vendrás conmigo y ayudarás a dirigir la expedición?

—Me siento honrado de que me lo pidas, hijo mío—dijo Eirik—pero ya soy un anciano. El navegar es un asunto desagradable, frío, húmedo e incómodo, y ya no tengo fuerzas para ello. Tu viaje es un trabajo para jóvenes como tú.

—Oh, vamos, padre—dijo Leif—. No eres tan viejo y débil como pareces. Estoy seguro de que el viaje te hará bien, y ayudará tener a alguien de tu talla como parte de nuestra expedición. Nos traerá suerte.

Al final, Eirik aceptó unirse a la aventura, pero el día que iban a embarcar, Eirik fue arrojado de su caballo camino al puerto. La pierna de Eirik estaba gravemente herida.

—Esta es una señal de que no voy a ir contigo—dijo Eirik—. Debería quedarme aquí. Ese será mi destino.

Y así Eirik regresó a su casa, y Leif dirigió el viaje solo.

Leif y su tripulación terminaron sus preparativos y zarparon. No pasaron muchos días antes de que vieran tierra al oeste—. Esta debe ser la tierra de la que habló Bjarni—dijo Leif—. Navegaremos más cerca y luego iremos a tierra para ver lo que se puede ver.

Navegaron más cerca de la tierra hasta que encontraron un buen lugar para echar el ancla. Entonces Leif llevó un grupo de hombres con él y remaron hasta la orilla. Cuando llegaron a la tierra, vieron que era principalmente roca plana y glaciares—. Esta no puede ser la tierra de la que nos habló Bjarni—dijo Leif—. Este no es lugar para un asentamiento. Volveremos al barco y seguiremos navegando. Pero lo hemos hecho mejor que Bjarni, ya que vinimos a tierra para ver qué podíamos encontrar. Ya que todo lo que encontramos fue piedra y hielo, llamaré a este lugar Helluland [Tierra de lajas de piedra].

Leif y sus hombres regresaron a su barco. Volvieron a zarpar, bajando por la costa hasta que llegaron a una tierra diferente, una que no era todo roca y hielo. Como antes, navegaron cerca de la costa y echaron el ancla. Leif eligió un grupo de hombres para ir a la costa con él. Remaron hasta la playa, que estaba hecha de arena blanca y fina. Leif y sus hombres caminaron tierra adentro. Encontraron que la tierra era relativamente plana y tenía muchos bosques densos—. Llamaremos a este lugar Markland [Tierra de Bosques] —dijo Leif—. Pero no nos quedaremos aquí. Naveguemos y veamos qué más podemos encontrar.

Leif y su tripulación navegaron durante dos días antes de ver otra orilla. Esta vez, habían llegado a una isla. Desembarcaron y caminaron a través de la hierba húmeda. Los hombres recogieron el rocío en sus manos y lo probaron.

—¡Esto es tan bueno!—dijo un hombre.

—¡Sí!—dijo otro—. Incluso en casa el rocío no es tan dulce.

Exploraron la isla por un tiempo más largo, luego regresaron a su barco y navegaron alrededor de la isla, que no estaba lejos de una tierra mucho más grande. Navegaron en el sonido entre la isla y el cabo que estaba al norte, y luego rodearon el cabo. Allí se encontraron con su primera dificultad real: El agua aquí era muy poco profunda, así que cuando la marea bajó, el barco quedó varado en la arena.

—No quiero esperar aquí—dijo Leif—. Deberíamos ir a tierra de todos modos. Tenemos mucho tiempo antes de que cambie la marea y podamos navegar una vez más.

Leif y sus hombres caminaron hasta la orilla, llevando botes de remos con ellos. Allí encontraron un río que fluía hacia el mar, y siguiendo el río, pronto llegaron a un lago.

—Este es un buen lugar—dijo Leif—. Volvamos al barco. Cuando la marea lo levante, podemos remar río arriba y echar el ancla en el lago.

Tan pronto como el agua era lo suficientemente profunda, Leif y su tripulación remaron su barco río arriba y en el lago, donde echaron el ancla. Llevaron sus sacos de dormir y otros suministros a la orilla, donde construyeron refugios de piedra y césped. Tomaron sus aparejos de pesca y capturaron muchos salmones finos, que abundaban tanto en el lago como en el río.

—¡Miren a esta bestia!—dijo un hombre, sosteniendo un enorme salmón que acababa de capturar—. ¿Alguna vez han visto algo así? Ni siquiera en casa tenemos un salmón como este. ¡Esta noche, comemos bien!

No pasó mucho tiempo hasta que Leif y sus hombres decidieron que pasarían el invierno allí para ver cómo era. Construyeron casas adecuadas para ellos, ya que los refugios no serían suficientes para el clima frío.

Cuando llegó el invierno, los exploradores se alegraron al ver que hacía mucho menos frío que en casa, y la hierba seguía siendo buena para que pastara el ganado. Aunque las noches se alargaban y los días se acortaban al acercarse el solsticio, el sol seguía saliendo y permanecía en el cielo durante parte del día, a diferencia de en casa, donde tanto los días como las noches eran oscuras en ese momento.

Una vez que las casas fueron construidas, Leif explicó cómo iban a explorar la tierra—. Cada día, nos dividiremos en dos grupos. Un grupo se queda aquí con las casas. El otro grupo va a explorar. Pero los exploradores deben poder regresar a las casas antes del atardecer, y nadie debe dejar el grupo por ningún motivo.

Así fue como vivieron durante algún tiempo. Algunos días, Leif se quedaba en las casas, mientras que otros días se iba con los exploradores. Un día, Leif se quedó en las casas, mientras los otros salían a explorar la tierra. El grupo de exploración volvió a las casas, pero uno de los exploradores había desaparecido, un alemán llamado Tyrkir, que era un gran amigo de Eirik el Rojo y que había sido el padre adoptivo de Leif cuando era un niño.

—¿Dónde está Tyrkir?—Leif exigió a los exploradores—. Sabían que no debían dejar que nadie se separara del grupo. Necesito poder confiar en que todos ustedes sigan las órdenes, y este día no lo han hecho.

Leif eligió entonces doce hombres para acompañarlo a buscar a Tyrkir, pero no habían ido muy lejos antes de que Tyrkir apareciera.

—¡Tyrkir!—Leif gritó—. Gracias a los dioses que estás a salvo. ¿Dónde has estado?

Tyrkir respondió con un flujo rápido de alemán que ninguno de los otros entendió. El anciano parecía muy emocionado por algo, apenas capaz de contenerse.

—Despacio, padre adoptivo—dijo Leif—. Despacio, y habla en nórdico. No te entendemos en absoluto.

Tyrkir respiró profundamente, y luego respondió en nórdico—. ¡Uvas! ¡Uvas y vides! ¡Campos enteros de ellas!

—¿Estás seguro?—preguntó Leif.

—Muy seguro—dijo Tyrkir—. De donde yo vengo, ellos cultivan muchas uvas. Sé cómo son las uvas y las vides. Ven, te lo mostraré.

Leif vio que las sombras se alargaban y que la noche no estaba lejos—. No, no nos iremos ahora—dijo—. Está demasiado cerca del anochecer. Volvamos a las casas y comamos. Iremos a las vides por la mañana.

Cuando salió el sol, Leif reunió a todos los hombres—. Esto es lo que haremos. Cortaremos uvas y vides para llevar a casa, y también una carga de madera. Luego regresaremos a Groenlandia y les diremos a todos lo que hemos encontrado en este nuevo lugar. Lo llamaremos Vinlandia [Tierra del Vino], ya que tiene una gran abundancia de uvas y vides.

Los hombres estuvieron de acuerdo en que este era el mejor camino a seguir, y así comenzaron a hacer el trabajo que Leif les había sugerido.

Cuando llegó la primavera, prepararon todo para navegar a casa. El barco estaba cargado de uvas, viñas y madera, y los hombres estaban muy contentos con lo que habían encontrado. Cuando salieron de Vinlandia, tenían un viento favorable y un día soleado, y todo el mundo estaba muy animado.

Navegaron durante un tiempo, con Leif al timón. De repente cambió de rumbo, ordenando que ajustaran las velas.

—¿Por qué navegamos tan cerca del viento?—preguntó uno de los hombres—. Esto seguramente es una locura. Nunca llegaremos a casa si navegamos así.

—Mira el mar, por allí—dijo Leif—. Dime lo que ves.

El hombre miró y dijo—: No hay nada ahí. —otros de la tripulación miraron y también dijeron que no vieron nada.

—Creo que hay un barco allí, o tal vez un escollo—dijo Leif—. Mira más de cerca.

La tripulación miró y estuvo de acuerdo en que debía haber un escollo, pero ninguno de ellos entendió por qué a Leif le importaría un pedazo de roca en medio del mar.

—No es solo un trozo de roca—dijo Leif—. Creo que hay gente allí. Y si hay gente allí, necesitarán nuestra ayuda.

—Piratas, como si no—dijo uno de los hombres—. Navegaremos hacia ellos, y entonces nos abordarán y tendremos que luchar por nuestras vidas.

—Sea como fuere—dijo Leif—todavía tenemos la ventaja sobre ellos. Y sería una vergüenza pasar sin ver si son amistosos y necesitan ayuda o no.

Navegaron tan cerca del escollo como pudieron y luego echaron el ancla. Luego Leif y algunos otros hombres bajaron el bote de remos al agua y remaron hasta el escollo, donde encontraron un grupo de catorce hombres y una mujer juntos en la roca con un montón de carga y pertenencias que habían logrado salvar antes de que su barco se hundiera.

—¡Gracias a los dioses que han venido!—dijo un hombre—. Pensamos que habíamos encontrado nuestra perdición con seguridad.

—¿Quién de ustedes es el capitán?—preguntó Leif.

—Yo—dijo otro.

—¿Cómo te llamas?—preguntó Leif.

—Soy Thorir, y vengo de Noruega. ¿Cuál es tu nombre?

—Me llamo Leif.

—¿No es el hijo de Eirik, Eirik el Rojo de Brattahild en Groenlandia?—dijo Thorir.

—El mismo—dijo Leif—. Suban a mi barco y les llevaré a Groenlandia, donde serán bienvenidos para quedarse o para encontrar otro barco que les lleve a casa. Traeremos toda la carga y pertenencias que mi barco pueda contener, pero el resto tendrá que quedarse aquí.

Thorir y su esposa, Gudrid, y los demás aceptaron la oferta de Leif. Abordaron el barco de Leif con una buena parte de sus pertenencias y carga, y luego navegaron de vuelta a Brattahild, donde Leif y su tripulación descargaron su barco.

—¿No pasarán el invierno conmigo y con mi padre?—dijo Leif a Thorir y Gudrid—. También me encargaré de que tus amigos tengan alojamiento para que nadie se quede sin techo.

Leif fue tan bueno como su palabra. Encontró alojamiento para los trece hombres que había rescatado junto con Thorir y Gudrid, y también se aseguró de que su tripulación tuviera lugares donde pasar el invierno. Cuando todos vieron la riqueza de madera y uvas que Leif había traído, y cuando oyeron su historia de su estancia en Vinlandia y el rescate de Thorir y sus amigos, empezaron a llamar a Leif "el Afortunado", ya que había tenido tanta suerte en ese viaje.

El invierno no fue tan suave como el verano. Thorir y su tripulación enfermaron, y la mayoría de ellos murieron, incluyendo a Thorir. La enfermedad tampoco perdonó a la familia de Leif, ya que su padre, Eirik, también cayó enfermo y murió en ese periodo.

De Thorvald Eiriksson

La aventura de Leif en Vinlandia fue la comidilla de Groenlandia. El hermano de Leif, Thorvald, escuchó atentamente las historias y pensó mucho sobre ellas. Finalmente decidió que probaría su propia suerte en la nueva tierra. Compró un barco y reunió una tripulación de treinta personas después de escuchar todo lo que Leif tenía que decir sobre cómo llegar a Vinlandia y dónde había instalado las casas. Cuando el barco estaba aprovisionado y la tripulación lista, Thorvald zarpó hacia Vinlandia y llegó al campamento de Leif después de un viaje sin incidentes.

Vararon su barco y trajeron sus provisiones a tierra. Prepararon las casas y exploraron un poco de la tierra alrededor del campamento. Al final del día, Thorvald dijo a su tripulación—: Pasaremos el invierno aquí, y en la primavera veremos qué más tiene esta tierra para ofrecer.

La tripulación estuvo de acuerdo en que este era un buen plan. Se instalaron para el invierno y vivieron de los salmones que abundaban en el río y el lago.

En la primavera, Thorvald y su tripulación trabajaron para reparar el barco. Cuando llegó el verano, Thorvald envió un grupo de hombres del barco para explorar la tierra al oeste de ellos. Los hombres exploraron a lo largo de la costa durante el verano, y cuando volvieron ese otoño, tenían mucho que contarle a Thorvald y a los demás.

—La tierra es muy justa—dijo el líder de la expedición—. Hay bosques espesos y playas de fina arena blanca. Al norte, hay muchas islas pequeñas, y el mar en ese lugar es bastante poco profundo. No vimos ninguna otra persona, ni animales de los que hablar, durante todo el tiempo que estuvimos en nuestro viaje.

—Después de haber explorado la costa por un tiempo, remamos hasta las islas. Encontramos allí lo mismo que en el cabo, aunque encontramos una cosa hecha de madera que se parecía a la que usamos para cubrir las reservas de grano. Ciertamente fue hecha por manos humanas, pero no encontramos a la gente que lo hizo ni ninguna otra señal de ellas.

El verano siguiente, Thorvald y su tripulación decidieron navegar en el barco hacia el este para ver qué podían encontrar allí, dejando parte de su gente atrás para vigilar las casas. Pero el nuevo viaje de Thorvald no fue tan afortunado como el que sus hombres habían hecho con el pequeño barco el verano anterior. Una tormenta estalló cuando el barco de Thorvald rodeaba un cabo. El viento y las olas llevaron el barco a las rocas, rompiendo la quilla. Los hombres lograron llevar el barco a salvo a la playa, y no se perdieron vidas, pero no se iba a explorar más durante mucho tiempo porque el barco había sufrido daños muy graves.

Los hombres trabajaron durante muchos días poniendo una nueva quilla y reparando los costados del barco. Cuando terminaron, Thorvald dijo—: Pongamos esa quilla rota en un lugar de honor aquí. Llamaremos a este lugar Kjalarnes [Punta de la Quilla].

Tan pronto como el barco estuvo en condiciones de navegar, Thorvald y sus hombres reanudaron su viaje hacia el este a lo largo de la costa. Allí encontraron algunos fiordos y un cabo que se extendía hacia el norte, hacia el mar. Encallaron su barco en la desembocadura de uno de los fiordos, y todos se fueron a tierra. Cuando habían caminado hacia el interior, Thorvald miró a su alrededor y se alegró mucho de lo que vio—. Creo que me estableceré aquí—dijo—. Este es un lugar muy justo, de hecho.

Volvieron al barco, pero uno de los compañeros de Thorvald miró a lo largo de la playa y dijo—Espera. Mira allí. ¿Qué es lo que ves?

—Veo tres jorobas en la arena—dijo otro de los hombres.

—Esas no estaban ahí antes—dijo el primero—. Y no creo que sean parte del paisaje.

—Nos dividiremos en tres grupos—dijo Thorvald—. Subiremos silenciosamente a esas jorobas, sean lo que sean, y nos ocuparemos de lo que encontremos allí. Cada grupo toma una joroba. ¿Listos? Vamos.

Cuando Thorvald y sus hombres se acercaron, vieron que las jorobas eran tres pequeños botes con cubiertas de piel. Dieron la vuelta a las barcas, y debajo de cada una encontraron tres hombres escondidos. Un hombre logró escapar en su bote, pero Thorvald y su tripulación mataron a todos los demás.

Thorvald y sus hombres miraron a su alrededor y vieron lo que parecían ser colinas más abajo en el fiordo—. No creo que sean colinas—dijo Thorvald—. Creo que deben ser viviendas de algún tipo. Esos nueve hombres no aparecieron de la nada.

El día había sido largo y agotador. Thorvald y sus hombres estaban exhaustos. Se acostaron a descansar justo donde estaban, y pronto todos ellos cayeron en un profundo sueño. No se despertaron hasta que escucharon el sonido de una voz que les llamaba—. ¡Despierten!—gritó la voz—. ¡Despierta, Thorvald! ¡Despierta a todos los marineros! ¡Aborden su barco ahora si valoran sus vidas! ¡Despierta!

Los hombres se levantaron y miraron hacia el fiordo. Cientos de botes de piel como los que habían encontrado remaban hacia ellos, y cada bote estaba lleno de guerreros de aspecto feroz.

—¡Vuelvan al barco!—gritó Thorvald—. Vuelvan al barco, y pongan los escudos de guerra en la borda tan pronto como sea posible. Nos defenderemos tan bien como podamos, pero intentemos no contraatacar si no es necesario.

Los hombres colocaron los escudos en la borda mientras los guerreros de los botes remaban cada vez más cerca. Los guerreros llevaban arcos, y pronto una lluvia de flechas volaba hacia Thorvald y sus compañeros, que se refugiaban detrás de los escudos. Después de un tiempo, los guerreros atacantes dejaron de disparar, dieron la vuelta a sus botes y se alejaron remando.

—¿Hay alguien herido?—preguntó Thorvald.

Todos los hombres respondieron que no habían recibido ningún impacto.

—Yo no fui tan afortunado—dijo Thorvald—. Una de esas flechas logró volar entre dos de los escudos. Me atravesó la axila. —Thorvald mostró la flecha a sus amigos—. Temo que esta herida sea mi muerte. Llévenme al lugar que me pareció tan justo y entiérrenme allí, con una cruz en la cabeza y otra en los pies. Llamen a ese lugar Krossanes [Punto de cruz] cuando me entierren como pedí. —Thorvald murió entonces, y sus amigos lo enterraron con las cruces a la cabeza y a los pies como él había pedido, porque Thorvald era cristiano.

Cuando Thorvald fue puesto a descansar, los hombres tomaron el barco y volvieron a las casas. Tenían mucho que decir a sus compañeros que se habían quedado atrás, y sus compañeros tenían mucho que decirles. Decidieron pasar el invierno en las casas y navegar de vuelta a Groenlandia en primavera, habiendo puesto un cargamento de uvas y viñas.

Llegó la primavera, y los hombres navegaron a salvo de vuelta a Groenlandia con un barco muy cargado. Dirigieron su barco hacia el puerto de Eiriksfjord y fueron recibidos con mucha alegría por sus amigos y familias. Se reunieron con Leif y le contaron todo lo que había sucedido en su viaje, y su historia no fue corta.

De Thorstein Eiriksson

Eirik el Rojo tuvo un tercer hijo que se llamaba Thorstein. Thorstein se casó con Gudrid, la viuda de Thorir, que había sido rescatada junto con su difunto marido y la tripulación de su barco por el hermano de Thorstein, Leif. Thorstein quería ir a Vinlandia a buscar el cuerpo de su hermano, para que fuera puesto en su propio suelo nativo en lugar de descansar en una tierra extranjera. Thorstein reunió una tripulación de veinticinco hombres grandes y fuertes, y se hizo a la mar con ellos y con su esposa, Gudrid.

La aventura de Thorstein fue un fracaso desde el principio. Thorstein y su tripulación navegaron de un lado a otro del océano abierto, sin poder encontrar su camino hasta que el invierno ya estaba llegando—. No podemos encontrar nuestro camino, y pronto hará demasiado frío para navegar—dijo Thorstein—. Volveremos a Groenlandia y esperaremos el invierno, y lo intentaremos de nuevo cuando llegue el clima cálido.

Así que navegaron a Groenlandia, y se instalaron en Lysefjord, un asentamiento en el oeste. Cuando llegaron, Thorstein arregló alojamientos de invierno para toda su tripulación, pero no pudo encontrar un lugar para él y su esposa, ya que el cristianismo solo había llegado a Groenlandia recientemente. Acamparon en la playa junto a su barco durante dos noches. Al día siguiente de la segunda noche, algunos hombres fueron a la tienda de Thorstein—. ¿Quién está dentro de la tienda?—preguntaron.

—Hay dos de nosotros aquí—dijo Thorstein—. ¿Quién está preguntando?

Uno de los hombres dijo—Mi nombre también es Thorstein, pero también soy conocido como Thorstein el Negro. He venido a pedirles que pasen el invierno conmigo en mi casa.

—Es una oferta generosa—dijo Thorstein Eiriksson—pero primero debo preguntarle a mi esposa si está de acuerdo.

Thorstein Eiriksson le preguntó a Gudrid qué pensaba de la oferta.

—Si la consideras aceptable—dijo—entonces deberíamos aceptarla.

Thorstein Eiriksson dijo a los hombres fuera de la tienda—: Mi esposa está de acuerdo, y aceptamos con gusto tu oferta de hospitalidad.

—Eso es bueno—dijo Thorstein el Negro—. Volveré mañana a buscarte a ti y a tus pertenencias. No puedo prometer que será un invierno feliz, porque tanto mi esposa Grimhild como yo somos muy formales y estamos acostumbrados a nuestras costumbres, y prefiero mi propia compañía. También tenemos una religión diferente a la tuya, pero me parece que la tuya es mejor que la mía.

Al día siguiente, Thorstein el Negro fue a la playa como había prometido. Ayudó a Thorstein Eiriksson y Gudrid a cargar sus pertenencias en su carro, y luego los llevó a ellos y a sus cosas de vuelta a su casa. Thorstein el Negro y su esposa fueron muy generosos con sus invitados, y les proporcionaron lo necesario durante todo el invierno.

Gudrid se portó bien en la casa de sus anfitriones. Era una mujer muy hermosa, y también una sabia que sabía cómo comportarse con los extraños.

El invierno apenas había comenzado en serio cuando una enfermedad golpeó a Lysefjord. Muchos de los miembros de la tripulación de Thorstein Eiriksson cayeron enfermos, y algunos de ellos murieron.

—No dejen los cuerpos de mi tripulación para que descansen aquí—dijo Thorstein Eiriksson—. Deseo llevarlos de vuelta a casa a Eiriksfjord para enterrarlos cuando llegue el verano.

El hogar de Thorstein el Negro tampoco se salvó de la plaga. Grimhild cayó enferma, a pesar de ser una mujer grande y tan fuerte como un hombre. Thorstein Eiriksson enfermó poco después de Grimhild, y Grimhild murió poco después de eso.

Cuando Grimhild murió, su marido dijo—: Voy a salir a buscar un tablón para poner su cuerpo.

—No tardes mucho, querido Thorstein—dijo Gudrid.

—No me demoraré—dijo Thorstein, y luego salió de la habitación.

Después de que Thorstein el Negro se había ido, Thorstein Eiriksson dijo—: ¿Por qué se comporta el Grimhild de esa manera? Se está empujando a sí misma sobre sus codos. Está tratando de salir de la cama y tratando de encontrar sus zapatos.

En ese momento, Thorstein el Negro volvió con un tablón para colocar el cuerpo de su esposa, y el cuerpo de Grimhild cayó sobre la cama con tal fuerza que cada viga de la casa crujió.

Thorstein el Negro hizo un buen ataúd para su esposa y la puso suavemente en él. Cuando el ataúd fue sellado, Thorstein el Negro lo sacó de la casa para enterrarlo. Esto requirió todo el esfuerzo que pudo reunir, aunque era un hombre muy fuerte, ya que Grimhild era una mujer muy grande y muy fuerte.

Las penas de esa casa aún no habían terminado, porque pronto Thorstein Eiriksson también murió. Gudrid y Thorstein el Negro estaban junto a su cama cuando se soltó el fantasma, y Gudrid estaba muy apenada porque su marido ya no estaba.

Thorstein el Negro se sintió conmovido por el llanto de Gudrid. La cogió y la sostuvo en su regazo como si fuera un niño pequeño, y le dijo palabras de consuelo y aliento. También prometió que el cuerpo de Thorstein Eiriksson sería llevado de vuelta a Eiriksfjord con los cuerpos de su tripulación, para que todos pudieran descansar juntos en el lugar que era su hogar. Thorstein el Negro también le dijo a Gudrid que encontraría a otras personas para que se unieran a ellos en su casa para que ella estuviera menos sola.

—Gracias, querido amigo—dijo Gudrid—. Estoy agradecida por tu ayuda y tu consuelo.

En ese momento, el cuerpo de Thorstein Eiriksson se sentó en la cama—. ¿Dónde está Gudrid?—preguntó.

Gudrid no respondió, y tampoco lo hizo Thorstein el Negro.

El cuerpo de Thorstein Eiriksson preguntó dos veces más— ¿Dónde está Gudrid?

Gudrid le dijo a Thorstein el Negro—: ¿Debo responder?

—No, no respondas—respondió—. Hablaré por ti.

Entonces Thorstein el Negro se acercó a la cama y se arrodilló a su lado—. Dime lo que quieres, querido amigo y portador de mi nombre. Estoy aquí.

Por un momento, hubo silencio. Luego el cadáver habló—. Tengo un mensaje para Gudrid. Sé cuál es su destino y quiero hablarle de mí para que no esté tan triste. He ido a un muy buen lugar donde descansaré bien. Escúchame, Gudrid, porque lo que digo es cierto: Te casarás con un islandés, y juntos tendrán una larga vida y muchos hijos, todos ellos buenos, fuertes y dulces. Tú y tu marido dejarán Groenlandia e irán a Noruega por un tiempo, y después se establecerán en Islandia, que se convertirá en tu hogar. Después de que tu marido muera, harás una peregrinación a Roma. Cuando regreses a Islandia, se construirá una iglesia en tu granja, y tomarás los santos votos de una monja. Allí te quedarás hasta tu muerte.

Luego el cuerpo de Thorstein Eiriksson cayó de nuevo en la cama. Su cuerpo fue preparado para el entierro y fue llevado a su nave.

Thorstein el Negro cumplió todas las promesas que le había hecho a Gudrid. Cuando llegó la primavera, vendió su granja y su ganado. Luego llevó a Gudrid y todas sus pertenencias al barco donde yacía el cuerpo de su marido, y luego regresó a Eiriksfjord, donde se aseguró de que Thorstein Eiriksson y todos sus compañeros fueran enterrados en el cementerio cristiano como era correcto y apropiado para los hombres de su fe.

Gudrid se fue a vivir con su cuñado Leif en Brattahild, mientras que Thorstein el Negro se estableció en Eiriksfjord. Thorstein vivió allí el resto de sus días, y fue muy respetado por todos por su espíritu generoso.

De Thorfinn Karlsefni

El verano en que Thorstein Eiriksson fue enterrado en el fiordo Eiriks, un hombre muy rico llamado Thorfinn Karlsefni llegó a Islandia desde Noruega. Thorfinn se alojó con Leif Eiriksson al invierno siguiente, y pronto se enamoró de Gudrid, la viuda de Thorstein Eiriksson. Un día, Thorfinn fue a ver a Gudrid y le dijo—: Me parece que te quiero mucho, y sería un honor que fueras mi esposa.

—No puedo responder ahora—dijo Gudrid—pero te lo haré saber pronto.

Gudrid fue a ver a su cuñado y le habló de la propuesta de Thorfinn—. Preferiría que respondieras a Thorfinn en mi nombre—dijo Gudrid.

—¿Apruebas a Thorfinn?—preguntó Leif—. ¿Estás dispuesta a casarte con él?

—Lo estoy—dijo Gudrid—. Parece ser un buen hombre.

Entonces Leif fue a Thorfinn y le dijo que Gudrid aceptaba su propuesta. Se casaron más tarde ese mismo invierno.

Leif había regresado a casa de su viaje a Vinlandia por algún tiempo, pero todos hablaban de sus aventuras, y de las aventuras de Thorvald y su tripulación. Mucha gente instó a Thorfinn a probar suerte en Vinlandia. La esposa de Thorfinn, Gudrid, estaba entre ellos.

Finalmente, Thorfinn aceptó. Contrató una tripulación de sesenta hombres y cinco mujeres. Estuvieron de acuerdo en repartir las ganancias del viaje a partes iguales entre ellos. También reunieron ganado para llevar, ya que querían establecerse permanentemente en Vinlandia si era posible.

Thorfinn fue a Leif y le dijo—Como sabes, estoy planeando un viaje a Vinlandia. ¿Me puedes dar las casas que ha construido allí?

—Te las prestaré con gusto—dijo Leif—pero no te las daré para que sean tuyas.

Thorfinn aceptó estos términos y zarpó tan pronto como tuvo un viento favorable. No le tomó mucho tiempo para que sus barcos llegaran a Vinlandia. Todos desembarcaron y pusieron su ropa de cama dentro de las casas. Luego liberaron su ganado para buscar pasto y fueron a buscar comida para ellos mismos. No tardaron mucho en encontrar buenas cosas para comer, ya que un rorcual se había varado no lejos de las casas. El rorcual aún estaba fresco, así que Thorfinn y su tripulación lo masacraron. Comieron muy bien esa noche y durante muchos días después, y los animales encontraron buen pastial en el interior de las casas. Pronto los machos se volvieron muy inquietos y difíciles de manejar, sobre todo el toro que habían llevado con ellos.

Una vez que se instalaron, Thorfinn dijo—Tiremos mucha madera ahora y dejémosla secar. Podemos llevárnosla el próximo verano y sacar un buen provecho de ella.

Esto se hizo, y pronto tuvieron una buena carga de madera puesta en algunas piedras. También trabajaron en la recolección de uvas, la pesca en el río y la caza, tanto para su comida en ese momento como para almacenarla para el invierno que se acercaba rápidamente.

Cuando el clima cálido llegó después de su primer invierno en las casas, tuvieron su primer encuentro con la gente que era nativa de esa tierra. Un grupo de hombres cargando fardos de pieles salió del bosque muy cerca de los pastos para el ganado. La llegada de los forasteros enfureció al toro, que resopló y les arañó el suelo. Los nativos nunca habían visto un toro antes. Estaban muy asustados y corrieron a la casa de Thorfinn para alejarse del animal enojado.

Los nativos rogaron que se les permitiera entrar en la casa, pero Thorfinn no les dejó entrar. Durante algún tiempo, Thorfinn y los nativos se gritaron mutuamente, pero como no entendían el idioma del otro, esto no sirvió de nada. Finalmente, los hombres dejaron sus fajos de pieles en el suelo frente a las casas y esperaron a que Thorfinn y los demás salieran a ellos.

Cuando Thorfinn y su tripulación vieron que los hombres habían venido a comerciar, salieron a saludarlos y a ver qué podían cambiar por las pieles. Los nativos estaban muy interesados en las armas y herramientas que Thorfinn y su tripulación habían traído con ellos, pero Thorfinn prohibió el comercio de cualquier cosa hecha de metal. Los islandeses decidieron ver si los nativos aceptarían un regalo de leche de las vacas a cambio de las pieles. Los nativos estaban muy contentos con la leche. Bebieron todo lo que la compañía de Thorfinn les dio, y luego volvieron a sus casas, dejando sus pieles y cueros a cambio de la leche.

Una vez que los nativos se fueron, Thorfinn dijo—: Necesitamos estar preparados para defendernos. Cortemos madera y construyamos una empalizada alrededor de nuestra granja en caso de que los nativos se vuelvan hostiles.

Poco después de la visita de los nativos, Gudrid dio a luz a un buen hijo. Thorfinn y Gudrid lo llamaron Snorri.

A principios del invierno siguiente, los nativos volvieron al asentamiento de Thorfinn, llevando fajos de pieles y cueros. Cuando Thorfinn vio esto, dijo—: Ordeñen las vacas y lleven la leche a los hombres a cambio de las pieles. No les den nada más.

Cuando los nativos vieron que las vacas eran ordeñadas, arrojaron sus fardos sobre la pared de la empalizada.

Mientras esto sucedía, Gudrid estaba sentada en la puerta de una de las casas, cuidando a su hijo pequeño, Snorri. Mientras mecía a Snorri en su cuna, una sombra cayó sobre la puerta. Gudrid miró hacia arriba y allí vio a una mujer extraña. La mujer era muy baja y tenía ojos enormes. Llevaba una túnica que le quedaba muy ajustada al cuerpo y una bufanda sobre el pelo. La mujer extraña entró por la puerta y preguntó— ¿Cómo te llamas?

Gudrid respondió—: Me llamo Gudrid. ¿Cómo te llamas tú?

—Yo también soy Gudrid—dijo la extraña mujer.

Justo cuando la esposa de Thorfinn estaba a punto de ofrecer a la extraña un lugar para sentarse, hubo un fuerte estruendo como de un trueno, y la mujer extraña desapareció. Al mismo tiempo, uno de los hombres de Thorfinn mató a uno de los nativos por intentar robar armas. Los otros nativos entonces huyeron, dejando todos sus bienes atrás. Cuando Gudrid preguntó a los demás si habían visto a la mujer extraña, todos dijeron que no.

Más tarde ese día, Thorfinn reunió a toda su tripulación. Les dijo—: Dudo que los nativos nos dejen en paz mucho más tiempo. Matamos a uno de los suyos, y es probable que sean hostiles cuando vuelvan. Tenemos que tener un plan de qué hacer cuando eso suceda. Esto es lo que haremos: Diez hombres irán a ese promontorio de allí y se dejarán ver por los nativos. El resto llevaremos nuestro ganado al bosque, donde cortaremos un claro para ellos. Cuando vengan hacia nosotros a través del bosque, soltaremos el toro sobre ellos antes de atacarlos nosotros mismos.

Los demás estuvieron de acuerdo con este plan. Escogieron un lugar con el lago a un lado y el bosque al otro para hacer el claro.

No pasó mucho tiempo antes de que un gran grupo de nativos llegara a donde Thorfinn y los otros esperaban con el ganado. Hubo una pelea, y muchos de los nativos fueron asesinados. Uno de los nativos era muy alto y guapo; Thorfinn pensó que este debía ser el jefe de ese pueblo. Otro de los nativos encontró un hacha que se había dejado caer durante la pelea. La miró por un momento, y luego se la lanzó a uno de sus compañeros, matándolo en el acto. El hombre alto y guapo agarró el hacha del que la había encontrado y la tiró lo más lejos posible en el lago. Entonces todos los nativos huyeron de ese lugar, y no molestaron más a Thorfinn y sus compañeros.

Thorfinn y los demás pasaron otro invierno allí, pero cuando llegó la primavera, Thorfinn dijo—: No me quedaré más tiempo aquí. Creo que todos deberíamos volver a Groenlandia. Carguemos nuestros barcos con la madera y otras cosas buenas que podamos vender en casa, y pongamos fin a esta aventura.

Los otros estuvieron de acuerdo en que este era el mejor plan. Cargaron sus barcos con la madera que habían cortado y con muchas vides y pieles finas. Zarparon tan pronto como todo estuvo listo, y después de un viaje sin incidentes, llegaron a salvo a Eiriksfjord, donde pasaron el invierno.

El verano siguiente, Thorfinn preparó su barco para navegar a Noruega. Tenía vientos favorables y llegó allí después de un breve viaje. Él y su esposa se quedaron en Noruega durante el invierno, y obtuvieron un buen beneficio de los bienes que habían traído de Vinlandia. Los nobles de ese lugar quedaron muy impresionados con

Thorfinn y Gudrid, y los trataron muy bien todo el tiempo que estuvieron allí.

En la primavera, Thorfinn y Gudrid navegaron hacia Islandia. Desembarcaron en Skagafjord, y cuando el barco fue llevado a tierra y asegurado contra el clima invernal, fueron a Glaumbaer, donde compraron tierra, construyeron una casa y comenzaron a cultivar. Todo el mundo en Glaumbaer y las tierras circundantes estaban contentos de que Thorfinn hubiera ido a establecerse entre ellos, ya que se pensaba que era un hombre muy bueno y de buena reputación. Él y su esposa tuvieron muchos hijos. Eran una familia feliz y amados por todos sus vecinos.

Cuando Thorfinn murió, Gudrid dirigió la granja ella misma. Snorri, su hijo que había nacido en Vinlandia, la ayudó en esto. Snorri encontró una buena mujer para ser su esposa, y pronto se casaron. Después de la boda, Gudrid fue a ver a Snorri y le dijo—: Eres un hombre maduro, con una hermosa esposa que es una buena mujer. Te doy esta granja para que sea tuya, porque ahora voy a ir en peregrinación. Espero ir hasta Roma. Te deseo todas las bendiciones para ti, tu esposa y tus hijos que están por venir.

Después de que Gudrid se fuera en su peregrinación, Snorri hizo construir una iglesia en Glaumbaer, y cuando Gudrid regresó, tomó los votos como monja y vivió una vida monástica en la iglesia.

A los hijos de Thorfinn y Gudrid les fue muy bien, y fueron bendecidos, como Gudrid había dicho que serían. El hijo de Snorri, Thorgeir, tuvo una hija llamada Yngveld, y su hijo Brand se convirtió en obispo. La hija de Snorri, Hallfrid, se casó con un hombre llamado Runolf, y su hijo Thorlak también se convirtió en obispo. El hermano de Snorri, Bjorn, tuvo una hija llamada Thorunn, y su hijo, llamado Bjorn como su padre, también se convirtió en obispo.

La familia de Thorfinn Karlsefni era muy grande y muy próspera. Todos los respetaban, y tenían un gran número de descendientes. Fue Thorfinn quien contó la mayoría de las historias de estos viajes, cuyos relatos han sido ahora puestos por escrito.

De Freydis Eiriksdottir

El día que Thorfinn, Gudrid y su tripulación regresaron de Vinlandia, con sus barcos varados en el agua bajo cargas de madera y otras cosas buenas, la gente de Eiriksfjord una vez más comenzó a hablar de viajar hacia el oeste para buscar su propia fortuna.

Durante ese verano, dos hombres de Noruega llegaron a Groenlandia. Se llamaban Helgi y Finnbogi, y eran hermanos. Habían nacido en Islandia, en los fiordos orientales. Encontraron alojamiento y pasaron el invierno en Groenlandia.

Eirik el Rojo tenía una hija llamada Freydis, y vivía en Gardar con su marido, Thorvard. Había oído hablar de los dos hombres de Noruega y había estado albergando pensamientos propios sobre un viaje a Groenlandia. Freydis fue al lugar donde se alojaban Helgi y Finnbogi, y les preguntó si les gustaría ser socios con ella en un viaje a Vinlandia.

—Tomaremos tu barco y el mío—dijo—y cualquier beneficio que obtengamos lo repartiremos equitativamente entre nosotros.

—Esto es aceptable—dijeron los hermanos, y así los tres comenzaron a planear su viaje juntos.

Freydis fue a ver a su hermano, Leif, y le dijo—: Dame las casas que has construido en Vinlandia.

Leif respondió—: No te las daré, pero puedes tomarlas prestadas por el tiempo que las necesites.

Freydis acordó con Helgi y Finnbogi que cada uno de ellos llevaría treinta hombres y algunas mujeres a bordo de sus barcos. Freydis rompió su palabra casi inmediatamente al llevar cinco hombres más, ocultándolos a bordo de su barco hasta que llegaron a Vinlandia, cuando ya era demasiado tarde para hacer algo al respecto.

Acordaron navegar juntos en convoy, y así los barcos nunca estuvieron muy lejos el uno del otro, pero el barco de Helgi y Finnbogi se las arregló para llegar algún tiempo antes que el de Freydis. Cuando desembarcó, se encontró con que Helgi y Finnbogi y sus tripulaciones habían empezado a guardar sus pertenencias en algunas de las casas.

Cuando Freydis llegó con su tripulación y sus pertenencias, vio lo que Helgi y Finnbogi habían hecho—. ¿Por qué se han mudado a estas casas con todas sus pertenencias?—preguntó.

—Teníamos un acuerdo—dijo Helgi—. Nos quedamos en las casas también, como lo discutimos antes de irnos.

—No, no acordamos eso, y mi hermano tampoco—dijo Freydis—. Leif me prestó estas casas a mí, no a ustedes. Recojan sus cosas y váyanse. Construyan sus propias casas en otro lugar.

—Esto es algo malvado que haces, Freydis—dijo Helgi—. Finnbogi y yo nunca nos rebajaremos a esas cosas.

Y así Helgi, Finnbogi, y sus tripulaciones fueron tierra adentro un poco y construyeron una gran casa en la orilla del lago. Mientras los hermanos construían su casa, Freydis ordenó a su tripulación que empezara a talar árboles para hacer un cargamento de madera.

Cuando llegó el invierno, los hermanos fueron a Freydis y le dijeron—: Deberíamos visitar las casas de los demás durante el invierno. Podemos jugar y divertirnos, como lo hacemos en casa en esta época del año.

Freydis estuvo de acuerdo, pero no pasó mucho tiempo antes de que estallaran las peleas entre la gente de Freydis y las tripulaciones de los hermanos. Los dos grupos dejaron de visitarse mutuamente, y así el plan de Helgi y Finnbogi para un feliz invierno quedó en nada.

Una mañana, Freydis se despertó muy temprano mientras todos los demás en la casa estaban durmiendo. Se levantó de la cama sin despertar a su marido, se vistió y se puso la capa de su marido, pero no se puso ningún zapato. La hierba estaba llena de rocío en ese momento. Freydis caminó a través de la hierba mojada hasta la casa de los hermanos. Allí encontró la puerta entreabierta. La empujó para abrirla y esperó en la puerta. Finnbogi la vio allí de pie. Desde su cama en el otro extremo de la casa, dijo—: ¿Qué quieres, Freydis?

—Sal y habla conmigo—dijo.

Finnbogi estuvo de acuerdo. Fueron al tronco de un árbol caído y se sentaron a hablar.

—¿Estás bien?—preguntó Freydis.

—Sí—dijo Finnbogi—. Este país es un lugar muy agradable, y me alegro de haber venido. Pero es una pena que haya un sentimiento tan enfermizo entre nosotros y entre nuestras tripulaciones.

—Estoy de acuerdo—dijo Freydis—pero no es por eso que he venido a hablar contigo. He venido a pedirte que intercambies naves conmigo. Tu nave es más grande que la mía, y quiero irme de este lugar.

—Muy bien—dijo Finnbogi—. Probablemente no tiene sentido negarte. Te cambiaré mi nave por la tuya.

Entonces Finnbogi volvió a su cama, y Freydis volvió a las casas, donde todos seguían durmiendo. Freydis se subió a la cama junto a su marido, pero como sus pies estaban tan mojados y fríos por su paseo a través del rocío, lo despertó.

—¡Hola!—dijo Thorvard—. ¿Por qué tienes los pies tan fríos y húmedos?

—Fui a visitar a Helgi y a Finnbogi. Quería cambiar mi nave por la de ellos. Mi petición les hizo enfadar mucho, y me golpearon y me insultaron. Es probable que no hagas nada al respecto. Todo el mundo sabe que eres un cobarde, y probablemente no me defiendas. Es una pena que no estemos en Groenlandia; mis hermanos definitivamente harían algo con este insulto. Pero como no estamos en Groenlandia, todo lo que puedo hacer es decirte que si no me vengas, me divorciaré en el acto.

Thorvard se avergonzó de lo que había dicho Freydis y se enfadó. Despertó a los hombres de la casa y les dijo que cogieran sus armas y le siguieran. Thorvard, Freydis y los demás fueron a la casa de Helgi y Finnbogi, donde Thorvard y sus hombres hicieron prisioneros a todos los hombres que estaban dentro. Cuando los ataron fuera de la casa, Thorvard dijo—: ¿Qué hacemos con ellos ahora?

—Mátalos—dijo Freydis.

—¿A todos?—preguntó Thorvard.

—Sí—dijo Freydis—. Es la única manera.

Y así fue como Freydis mandó matar a todos los hombres que vinieron con Helgi y Finnbogi. Luego hizo que sacaran a las mujeres de la casa.

—Dame el hacha—dijo Freydis a uno de sus hombres. Él se la dio, y ella mató a cada una de las cinco mujeres que habían venido con Helgi y Finnbogi.

Entonces Freydis, Thorvard y sus hombres volvieron a las casas de Leif. Cuando llegaron, Freydis dijo—Cuando volvamos a Groenlandia, ninguno de ustedes dirá una palabra de lo que acaba de pasar. Si lo hacen, los encontraré y los mataré. Les diremos a todos que los otros decidieron establecerse aquí y que nos dieron su nave para llevar nuestra carga a casa.

En primavera, Freydis y su tripulación cargaron ambos barcos con los bienes que habían recogido durante su estancia en Vinlandia. Navegaron con vientos suaves todo el camino de vuelta a Eiriksfjord, donde Thorfinn Karlsefni se preparaba para salir hacia Noruega. Todo el mundo vio la carga que Freydis trajo consigo, y todos estuvieron de acuerdo en que era la mayor cantidad de bienes que alguien había traído a casa desde Vinlandia, y de lejos la más valiosa.

Freydis volvió a su granja después de recompensar a su tripulación muy generosamente para que no hablaran de lo que había pasado en Vinlandia. Entonces Freydis volvió a trabajar en su granja y a cuidar de su ganado.

Sin embargo, había algunos entre la tripulación de Freydis que no podían guardar silencio sobre lo que había hecho. Pronto se corrió la voz de que Freydis había hecho asesinar a la tripulación de Helgi y Finnbogi y que ella misma había matado a todas las mujeres.

Finalmente, Leif, el hermano de Freydis, escuchó la historia y quedó horrorizado. Hizo que arrestaran a tres de la tripulación de Freydis y los torturó hasta que contaron toda la historia. Cuando lo oyó todo, Leif dijo—: No soy yo quien debe castigar a mi hermana por sus crueles actos. Pero creo que a sus hijos y a los hijos de sus hijos no les irá bien. Esa será una recompensa suficiente.

Las palabras de Leif se hicieron realidad. Cuando Freydis y Thorvard tuvieron hijos, todos los trataron mal porque esperaban que se comportaran como su madre. Y cuando esos niños tuvieron hijos propios, la gente los trató mal también por la misma razón.

Así terminan las Sagas de Vinlandia.

Vea más libros escritos por Matt Clayton

Referencias

Boult, Katharine F. *Heroes of the Northlands: Their Stories Retold.* London: J. M. Dent & Co., 1903.

Chadwick, Nora. *Stories and Ballads of the Far Past.* Cambridge: Cambridge University Press, 1921.

Edwards, Paul, and Hermann Pálsson, ed. and trans. *Arrow-Odd: A Medieval Novel.* New York: New York University Press, 1970.

Gathorne-Hardy, Geoffrey Malcolm, trans. *The Norse Discoverers of America: The Wineland Sagas.* Oxford: Clarendon Press, 1921.

Jones, Gwyn. *The Norse Atlantic Saga.* New ed. Oxford: Oxford University Press, 1964.

Kolodny, Annette. *In Search of First Contact: The Vikings of Vinland, the People of Dawnland, and the Anglo-American Anxiety of Discovery.* Durham: Duke University Press, 2012.

Kunz, Keneva, trans. "The Vinland Sagas". In *The Sagas of Icelanders: A Selection*, pp. 626-76. New York: Viking Penguin, 2000.

Magnusson, Magnus, and Hermann Pálsson. *The Vinland Sagas: The Norse Discovery of America.* New York: New York University Press, 1966.

Munch, Peter Andreas. *Norse Mythology: Legends of Gods and Heroes*. Trans. Sigurd Bernhard Hustvedt. New York: The American-Scandinavian Foundation 1926.

Pringle, Heather. "Evidence of Viking Outpost found in Canada". *National Geographic News* (19 October 2012). <https://www.nationalgeographic.com/news/2012/10/121019-viking-outpost-second-new-canada-science-sutherland/#close> Accessed 25 May 2020.

Reeves, Arthur Middleton, North Ludlow Beamish, and Rasmus B. Anderson, trans. *Norroena: The History and Romance of Northern Europe*. Vol. 15, *Vinland Edition*. n. c.: n. p., T. H. Smart, 1906.

Simpson, Jaqueline, trans. *The Northmen Talk: A Choice of Tales from Iceland*. London: Phoenix House, 1965.

Tolkien, Christopher, trans. *Saga Heidriks Konungs ins Vitra/The Saga of King Heidrik the Wise*. London: Thomas Nelson and Sons, Ltd., 1960.

Tunstall, Peter, trans. *The Saga of Hervor & King Heidrik the Wise*. In *The Complete Fornaldarsögur Nederlanda: Legendary Sagas of the Northland in English Translation*. <http://www.germanicmythology.com/FORNALDARSAGAS/HervararSagaTunstall.html> Accessed 8 April 2020.

Waggoner, Ben, trans. *The Hrafnista Sagas*. New Haven: Troth Publications, 2012.

Wallace, Birgitta. "The Norse in Newfoundland: L'Anse aux Meadows and Vinland". *Newfoundland and Labrador Studies* 19/1. Retrieved from https://journals.lib.unb.ca/index.php/NFLDS/article/view/140.

www.ingramcontent.com/pod-product-compliance
Lightning Source LLC
Chambersburg PA
CBHW020109240426
43661CB00002B/92